하늘과의 만남

미라래빠와의 채널링

명상거북이

차례

● **티베트의 성자 미라래빠**
  The great Tibetan Saint Milarepa **/** 5

● **프롤로그 /** 6

● **5월의 기록 /** 9

2020년 5월 2일 (토요일) • 10
2020년 5월 3일 (일요일) • 14
2020년 5월 4일 (월요일) • 16
2020년 5월 5일 (화요일) • 19
2020년 5월 6일 (수요일) • 25
2020년 5월 7일 (목요일) • 28
2020년 5월 8일 (금요일) • 33
2020년 5월 9일 (토요일) • 38
2020년 5월 10일 (일요일) • 40
2020년 5월 11일 (월요일) • 46
2020년 5월 12일 (화요일) • 50
2020년 5월 13일 (수요일) • 53
2020년 5월 14일 (목요일) • 58
2020년 5월 15일 (금요일) • 60
2020년 5월 16일 (토요일) • 68

2020년 5월 17일 (일요일) • 75
2020년 5월 18일 (월요일) • 79
2020년 5월 19일 (화요일) • 83
2020년 5월 20일 (수요일) • 87
2020년 5월 21일 (목요일) • 92
2020년 5월 22일 (금요일) • 97
2020년 5월 23일 (토요일) • 101
2020년 5월 24일 (일요일) • 105
2020년 5월 25일 (월요일) • 110
2020년 5월 26일 (화요일) • 114
2020년 5월 27일 (수요일) • 118
2020년 5월 28일 (목요일) • 127
2020년 5월 29일 (금요일) • 131
2020년 5월 30일 (토요일) • 137
2020년 5월 31일 (일요일) • 142

● **에필로그 /** 146

● **에너지 그림 작가가 설명하는 스페이스 미라래빠 /** 155

티베트의 성자 미라래빠

The great Tibetan Saint Milarepa

 1052년 태어나 1135년 열반에 든 미라래빠는 한 생애 동안에 완성을 추구한 티베트의 대성취자이다. 일찍 세상을 뜬 아버지가 남기고 간 재산을 친척들에게 모두 빼앗기고 어머니와 누이동생을 돌보며 갖은 고생을 하던 미라래빠는 어머니의 당부로 흑마술(黑魔術)을 배워 그들에게 복수한다. 그 결과로 큰 악업(惡業)을 쌓게 된 미라래빠는 마르빠(Marpa)라고 하는 운명의 스승님을 만나 수행의 길에 들어설 때까지 깊은 고뇌를 한다. 그러나 스승님의 고귀하신 가르침 덕에 그는 새로운 사람으로 다시 태어나고, 그 후로는 티베트의 동굴들을 적정처(寂靜處)로 삼아 홀로 고된 명상수행을 이어간다. 깨달은 자로서의 그의 명성은 노래를 통한 가르침을 제자들과 보시자(布施者)들에게 설파함으로써 점점 높아져 가고 그는 자신의 가르침으로 많은 사람을 구원하게 된다. 또한, 진리를 예시와 묘사와 함께 설명했던 미라래빠는 절대진리란 결코 어려운 것이 아니라는 것을 몸소 보여 주면서 모든 이가 영적으로 깨어난 삶을 살아야 함을 강조하였다.

프롤로그

저는 평범한 직장인으로 살던 미혼의 여성으로 다른 많은 사람과 다를 바 없는 에고적인 인간이었습니다. 한 가지 특이한 점이 있었다면 어릴 때부터 알 수 없는 이유로 '50세에 죽는다'는 생각을 품고 살았다는 것입니다. 그리고 3년 반 전에 사랑하는 어머니를 여의고 지병이었던 이명이 메니에르라는 병으로 악화되면서 이루 말할 수 없는 고통을 겪는 나날이 시작되었습니다. 수시로 응급실에 실려 가는 괴로움 속에서도 저는 마음 깊은 곳에서 이 병과 고통이 내가 지은 죄(카르마) 때문이라는 자각을 하였고, 일 년 넘게 이어지는 어지럼증과 구토를 겪으며 하늘에 저의 잘못에 대한 용서를 구하는 기도를 하였습니다. 사실 그 잘못들은 심각한 범죄가 아닌 그저 인간의 어리석음이 빚은 다양한 탐진치의 죄였기에, 생각해 보면 고통과 카르마 청산을 연계시켜서 기도할 수 있도록 인도해 주신 하늘에 그저 감사한 마음뿐입니다.

그렇게 고통의 나날들을 보내고 있던 때에 우연히 에너지 그림 〈스페이스 미라래빠〉를 만났고 기적과 같은 가르침이 시작되었습니다.

2020년 5월 2일로 시작하는 이 글은 제가 티베트의 대성취자 미라래빠와 영적으로 연결되어 채널링을 하게 되는 순간부터의 한 달을 기록한 것이며, 저와 같이 평범한 사람이 어떻게 하늘과 소통하며 일상을 보내야 하는지 알려 주면 좋겠다고 하시는 스승님의 말씀에 따라 이렇게 세상에 공개합니다.

5월을 살면서 느꼈던 개인적인 감정을 담은 질문과 스승님의 답변으로 이루어진 이 글은 제가 50년 인생을 살아오면서 존재했으나 무명에 가려 빛 보지 못하던 제 본래의 신성을 스승님과의 연결로 비로소 깨우고 그의 가르침 속에 지나간 과거와 현재 또 미래에 대해 명상 수행하게 되는 과정을 보여 줍니다.

평생 고정적이었던 저의 인식체계를 단번에 바꾸고 진심으로 하늘과 대화하는 사람으로 거듭나게 도와주신 순수하고 명확한 스승님의 가르침이 이 책을 읽으시는 독자에게도 조금이나마 도움이 되길 바랍니다.

5월의 기록

2020년 5월 2일 (토요일)

4월 30일에 응급실에 다녀온 후 아직까지 컨디션은 괜찮은 것 같아 다행이나 여전히 매우 불안하고 다가오는 오십 살 생일을 앞두고 삶과 죽음에 관한 만감이 교차하는 상황이다. 그런데 얼마 전 보게 된 에너지 그림 작가의 〈스페이스 미라래빠〉라는 그림은 이상하게 내 머리에서 떠나지 않고 맴돌고 있어서 내 불안한 마음도 가라앉힐 겸 미라래빠라는 성자에 대해 좀 더 알아보고 있는 중이다. 어제는 유튜브에 올라와 있는 그의 일생에 대한 영상을 보았는데 보는 동안 얼마나 눈물이 줄줄 나오고 가슴이 아픈지 그때 받은 나의 감동은 말로는 표현하기 힘들 정도이다. 또한 그분이 유년기와 청년기에 걸친 갖은 역경과 고난을 이겨 내고 영적으로 승화하여 끝내 해탈을 이루시는 과정은 정말 아무나 해낼 수 없는 업적이라 생각한다. 나의 인생 전반도 쉽지만은 않았고, 그랬던 만큼 영적 수행에 대한 관심이 커지고 있는 이 시기에 알게 된 미라래빠는 나에게 소중한 본보기가 되는 듯하다. 무엇보다도 그분을 생각하면 신기하게도 불안하고 걱정스러운 마음이 가라앉고는 하니 그래서도 더욱 매일매일 미라래빠를 생각하게 되는 것이다.

그런데 오늘 아주 놀라운 일이 일어났다. 하루 종일 집 안 청소를 하고 지쳐 방바닥에 누워 음악을 듣는데 갑자기 미라래빠 생각이 떠오르면서 "스승님, 제 귀가 나을 수 있을까요?"라고 물었던 것이다. 생각해 보면 질문 자체도 이상하였던 것이 그동안 추상적으로만 존경하던 분을 마치 나의 개인 스승님인 듯 칭하고 지극히 개인적인 문제인 귓병에 대해서 물었기 때문이다. 그런데 더 놀라운 것은 나의 질문에 대한 대답이 들렸다는 것이다. 내가 미친 것이 아니라면 미라래빠는 다음과 같이 말씀하셨다.

  "물론이다! 모든 것이 허상이니 너의 귀 소리도 허상이다. 과거를 흘려보내듯 귀 소리도 흘려보내라! 그러나 그걸 하기 위해선 너의 슈숨나(에너지 통로)를 좀 더 강화시킬 필요가 있다."

  "네 귀 소리는 곧 너의 과거이다. 그러니 허상이다!"

  "소리를 들을 때마다 '너는 존재하지 않는다'고 되풀이해 말하면 도움이 될 것이다!"

  들려오는 말을 들은 나는 순간 대답의 명확성과 위로에 큰 안도감을 느꼈지만 그것도 잠시, 나는 곧 생각했다.

  '이건 도대체 뭐지...?'

  '내가 방금 누구랑 얘기한 거지?'

  '설마 진짜로 미라래빠가 대답한 것인가?'

  '그렇다면 혹시 내가 미라래빠와 채널링이라는 것을 하기 시작했다는 뜻인가? 그게 가능한 얘기인가?'

그런데 이런 반신반의하는 와중에도 내가 기적과 같은 일을 오늘 경험한 것이고 미라래빠가 나의 스승님이 되어 주신 것이라 생각하게 되는 이 확신을 대체 어떻게 설명해야 할지 모르겠다. 게다가 질문에 대한 대답을 듣고 나의 귀 울림 상태는 앞으로 '수행 진도'를 체크하는 방편이 될 것임도 이해하지 않았던가? 어쨌든 진심으로 혼란스럽다. 누군가와 이 일에 관해 상담해야 할지? 만약 오늘 일어난 일이 사실이라면 이것은 내가 이제 그분의 제자로서 수행의 길을 가게 될 것이라는 것을 의미하는 것 같은데….

이런 혼란스러움을 안고 허기진 배를 채우기 위해 부엌으로 가니 낮에 먹다 남은 음식이 접시에 올려져 있는 것이 보였다. 그 음식을 보면서 '평소에는 이런 음식을 더럽다고 느꼈겠구나. 하지만 오늘부터는 아니야! 왜냐면 나의 스승님이 드시던 것들에 비한다면 진수성찬이니 말이야…'라고 생각하는데 또다시 이상한 일이 일어났다. 나는 이때 내 생각이 동시에 스승님께 전달되고 마치 그분과 함께하고 있는 듯한 느낌이 들었던 것이다. 그러나 이번에는 그런 나의 마음을 의심하지 않고 "그렇지요, 스승님?"이라고 물으니 즉시 대답이 들려왔다.

"그렇다. 하늘이 준 모든 음식에는 귀천이 없으니 감사하게 먹어라! 그리고 그 음식이 주는 에너지를 받거라!"

말씀을 들은 나는 인생에서 처음으로 정말 행복하고 감사한 마음으로 남겨진 음식을 깨끗이 먹을 수 있었고 그것은 마음속 깊이 진정한 힐링을 일으키기에 충분했다. 동시에 이는 나를 안도시키고 이렇게 스승님과 채널링하는 것이 왠지 마치 늘 해 오던 것 같은 익숙함으로 다가와 더 이상 전혀 놀랍지 않게 느끼도록 도와주었다. 더불어 음식을 통한 스승님의 가르침은 스승님이 이제부터 내 안에 함께 계시니 내 삶의 모든 조건이, 그것이 주거이건 음식이건 그분이 누리셨던 것보다 과분하다 느끼게 될 것임을 깨닫게 해 주었다. 이 깨달음은 앞으로 나를 많은 고난에서 구제하리라 믿는다!

오늘의 경험은 스승님과의 채널링이라는 엄청난 사건 이외에도 남아 있는 인생을 감사한 마음으로 살아가게 할 것이라 생각하게 한다.

"이제 죽어도 여한이 없다!"는 말이 이런 것이구나 싶다!

2020년 5월 3일 (일요일)

어제의 경험을 생각해 보면 아직도 믿기지 않지만, 뭔가 대단한 일이 일어난 것이라는 건 확실히 알 것 같다. 앞으로의 인생에서 가장 든든하고 위로가 될 존재를 만난 거니까 말이다. 특히 내가 여태까지 몸이 아파 고생하며 곧 죽을 수도 있다는 믿음으로 살았다고 생각하면, 이것은 나에게 크나큰 축복이 아닐 수 없다.

저녁이 되어 나는 스승님께 물었다.
"스승님, 몸은 왜 아픈 것입니까?"

그러니 스승님이 답하셨다.
"정신이 쉬기 위한 것이다. 주체가 정신에서 육신으로 옮겨 감으로써 정신은 진리를 깨달을 시간과 기회를 얻는다."

대답을 듣고 나니 "아하, 그렇지!"라는 소리가 절로 나오고, 이보다 간단하고 명백한 대답을 들은 적이 없다는 생각이 들었다. 스승님에 대한 존경심이 절로 나오는 순간이다!

저녁때가 되어서는 샤워를 끝내고 침대에 누우면서 "아이고, 스승님 너무 힘듭니다!" 하고 말하니 스승님이 조언하시는 것이었다.

"몸이 힘든 것이지 정신은 힘든 것이 아니니 기뻐하라!"

이 말씀을 듣고 나서 왠지 모르게 '히히히' 하고 웃음이 났는데, 웃음의 이유는 정확히 모르겠지만 아마도 내가 몸과 영혼의 합체로 이루어진 사람이라는 사실이 분명해지면서 순간적으로 내 육체의 고통이 몸으로부터 분리되는 것을 느꼈기 때문이 아닐까 싶다.

이렇게 오늘도 스승님 덕에 감사한 하루가 지나간다.

내일이면 5월 5일

'결국 나는 내일 죽을 것인가? 아니면 계속 살게 될까?'

평생 50살까지밖에 살지 못할 것이라고 생각했던 나의 불안한 마음이 최고조에 다다른 오늘, 나는 종일 두려움이 섞인 마음으로 시간을 보냈다. 하지만 카르마(업) 청산이 많이 된 이 상황에서 내일 죽는다면 그것도 나쁘지 않을 것 같다는 생각이 드는 것도 거짓말은 아닐 것이다. 이런 마음이 드는 이유는 아마도 그간의 고생으로 심신이 피곤해서일 수도 있지만 미라래빠 스승님과의 채널링 시작으로 인해 이제는 어떤 일이 일어나든지 다 괜찮다는 하늘에 대한 믿음이 조금씩 생겨나기 시작해서가 아닐까 싶다.

삶과 죽음이라는 주제를 벗어날 수 없었던 나는 결국 스승님께 물었다.

"스승님, 죽음이란 무엇입니까?"

그리 여쭈니, 왜인지는 네가 스스로 따져 보라는 뉘앙스가 담긴 "그런 건 없다!"라는 대답이 화살과 같이 빨리 돌아왔다.

비록 스승님과 대화한 지 겨우 이틀 되었지만 스승님은 대답을 통해 우리가 이미 친근한 사제 관계임과 동시에 내가 앞으로 어떤 자세로 스승님께 질문을 드려야 하는지 알려 주시려는 듯하였다. 이번에는 내가 대답을 이미 알고 있으면서도 한 질문이니 스스로 먼저 생각해 보라 하신 것이다. 그리고 그 말씀은 어디 하나 틀린 곳이 없었다. 나는 사실 죽음에 관한 진리를 배우고자 여러 가지 노력을 했고, 죽음이란 것은 단지 몸과 영혼의 분리를 말하는 것일 뿐이며 만물은 윤회함을 이미 알고 있었기 때문이다.

나는 이 깨달음 앞에서 허탈한 웃음이 나왔다. 그리고 알게 되었다. 나는 내일이 내가 죽는 날이 될 수도 있기 때문에 걱정했을 뿐, 죽음의 실체를 몰라 스승님께 질문을 한 것이 아니었고 스승님은 그런 나의 마음을 이미 알고 계셨음을 말이다. 이와 더불어 내가 너무 쓸데없는 걱정을 한다고 생각하시는 듯하다.

저녁이 다 되어 나는 여전히 죽음에 대한 생각에 몰입해 있는 내 자신을 발견하고는 내가 이렇게도 죽음을 생각하는 것은 이유 불문하고 결국 죽기 두렵기 때문이라 여겨졌다.

그래서 스승님께 마지막으로 여쭈었다.
"스승님, 두려움이란 어떤 존재입니까?"
나의 질문을 들으시고 스승님은 말씀하셨다.

"그건 무지에서 오는 비겁함이다!"

그렇다. 나는 평생 아프고 병나고 죽는 모든 과정에 대해 큰 두려움을 가지고 살았기 때문에 정신적, 육체적으로 더욱 힘들었으며 이런 두려움은 영성 공부를 통해 이해했다고 믿었던 죽음의 실체조차도 한꺼번에 묻어 버릴 수 있을 정도의 비겁함으로 이어지고 있었던 것이다. 결국 이 말은 내가 이제까지 한 번도 죽음을 제대로 명상하고 이해한 적이 없고 모든 것은 그저 막연한 이론이었다는 뜻이다.

5월 5일 내 생일이 오기 전에 이런 진실을 안 나는 그저 숙연해질 뿐이다.

2020년 5월 5일 (화요일)

창문으로 들어오는 5월의 따뜻한 아침 햇살이 하루가 시작되었음을 알려 왔다. 티 없이 밝고 포근한 햇빛을 한참 바라보고 있자니 내 마음에 무한한 평온함이 밀려왔다. 그리고, 그 평온함 속에 어제까지의 고통과 두려움은 더 이상 자취조차 찾아볼 수 없었다.

나는 스승님께 말하였다.
"저, 안 죽었네요..."

그러자 날 위로하듯 스승님이 말씀하셨다.
"너의 에고가 죽었으나 네 영혼은 살아났구나! 그러니 하나는 죽은 것이다."

이 말씀을 듣고 나는 무거운 고뇌를 끝내 이겨 낸 사람의 눈물을 흘리며 깨달을 수 있었다. 카르마 청산 후 50살에 죽게 될 것이라는 나의 걱정은 사실은 진실이었음을…. 단지 그 죽음은 육신의 죽음이 아니라 에고의 죽음, 즉 카르마의 죽음이었다는 것을. 그리고 이 깨달음은 나를 어느 때보다 홀가분하게 했으며 자유롭게 하였다.

2020년 5월 5일. 나는 정확히 50살에 다시 태어났으며, 내가 태어난 지금 이 세상은 미라래빠 스승님이 함께하시는 완전히 다른 세상이고 죽을 때까지 아주 새로운 인생 후반을 보내게 되리라 믿는다. 어쩌면 나는 이제서야 제대로 살아가게 되는지도 모르겠다.

나의 식구들은 내 생일을 맞이하여 생일상을 차려 주고 함께 즐거운 식사를 하였는데, 그들은 무엇보다 내가 영적으로 깨어난 것을 진심으로 축하해 주었다. 축하를 받는 나는 마치 다시 어린 아이가 된 것 같은 느낌이 들고 이제까지 혼자 살아가는 나를 이해하고 돌봐 준 식구들에게 깊은 감사의 마음이 들었다.

한편으로 가족의 축복을 받으며 앉아 있자니 나는 매우 특별한 인생을 살고 있구나 싶었다. 하지만 이내 그 생각은 50살쯤 먹은 사람이라면 대부분 이미 가정을 꾸려 자식들의 생일 축하를 받고 있어야 정상일 텐데 '무엇이 내 인생을 이렇게 만들었을까?' 하는 질문으로 이어지는 것이었다.

그러나 그 질문의 대답은 어렵지 않았다. 왜냐하면 나라는 사람은 평생 어디에도, 누구에게도 묶이고 싶지 않았던 영혼을 갖고 살았음을 나 스스로 잘 알고 있었기 때문이었다. 나는 늘 자유롭게 살고 싶었기 때문에 친구도 애인도 심지어 가족들도 나를 구속하지 못하게 벽을 쌓고 살았던 것이다. 하지만 그런 자유를 갈망해 홀로 사는 내 자신을 언제나 사랑할 수는 없었기에 그 자유는 많은 희생을 불러왔던 것도 사실이다.

그렇지만 오늘 나는, 그런 나를 질책하는 마음이 아니라 더 이해하고 싶은 마음이 들었다.

나는 스승님께 물었다.
"스승님, 바람처럼 자유로운 존재로 생을 살아간다는 것은 어떤 의미입니까?"

스승님은 곧 응답하셨다.
"그것은 시공간을 초월한 무와 유의 세계를 믿는다는 뜻이며 그 진리를 경험을 통해 배우고자 하는 자세를 말한다. 그러한 결심을 한 자는 이를 추구하는 데 어떠한 두려움도 없으며 온갖 고난과 역경을 견디겠다고 하는 그 결심을 자신의 '자유로움'으로 대신 표현한다."

스승님의 말씀을 들으니 왜 내가 여태껏 자유를 갈망했는지 또 왜 지금까지 싱글로 살아가야 했는지 알 것 같았고 가끔은 후회스러웠던 나의 과거도 단번에 용서할 수 있을 듯하였다. 나는 오십이 되어 진리를 찾아가는 수행의 길을 갈 사람이었기에 어려움 속에서도 그만큼 자유로웠어야 했던 것이다.

오후가 되어 해외에 살고 있는 언니가 생일 축하 전화를 걸어 왔다. 나에게 일어난 스승님과의 채널링은 언니에게 있어서도 역시 큰 관심거리였고 우리는 오랫동안 수행에 관한 이야기를 나누었다. 이미 오래전부터 영성과 수행에 관련된 일에 몸을 담고 있는 언니는 일을 하면서 가장 어려운 것은 법과 원리를 설하고 수행법에 관한 진리를 설하는 수행자의 인간적인 일상의 모습에 분별심이 느껴질 때라고 하였다. 그 말을 들은 나는, 현존하는 스승님의 새로운 수행 철학은 받아들이기 쉬우나 스승 자체를 온전히 받아들이기는 어려운 수행자의 마음이 이해가 갔고 이에 대해 스승님께 여쭈어보면 좋을 것 같다는 생각이 들었다.

"스승님, 진리를 알아낸 사람과 그 진리는 이분화된 것입니까?"
이렇게 물으니 스승님은 나의 개인적인 질문이 아닌데도 불구하고 친절하고도 확실하게 대답하셨다.

"그럴 수도 아닐 수도 있다. 그렇지만 그 진리를 수행하는 자는 진리를 알아낸 사람보다 고귀하며 완벽하지 못한 진리조차 온전케 하는 힘이 있으니 그저 중요한 것은 오직 그 진리, 즉 뜻뿐이다."

나는 스승님의 대답이 언니에게 많은 도움이 되지 않을까 하여 전해 주었는데 언니는 물론 그렇다며 감사해하였다.

가족 모두에게 특별한 축하를 받고 하루를 마감하려는데 왠지 또 다른 질문 하나를 더 하고 싶다는 생각이 들었다. 그것은 수행자가 수행 중에 본인의 개인적인 문제를 벗어나 다른 이를 먼저 생각하고 포용하기 시작하면서 저절로 갖게 되는 측은지심에 관한 의문이었다. 비록 측은지심을 갖고 사는 단계에는 아직 이르지 못하였지만 그것이 궁금했던 나는 스승님께 물었다.

"스승님, 남에게 측은한 마음이 드는 것은 왜입니까?"

스승님은 내 질문을 들으시더니 깜짝 놀라시며 "남을 보고 섣불리 측은한 마음을 갖는 것은 대단히 위험한 일이다"라며 엄하게 말씀하시면서 "본래의 측은지심은 평등심에서 나온다"라고 하셨다.

늘 그랬던 것처럼 스승님의 대답은 명확했고, 너와 내가 다르지 않음을 깨달은 사람만이 그 평등성 위에 올바른 측은지심을 가질 수 있다고 하시는 말씀을 잘 이해할 수 있었다. 말씀인즉슨, 내가 다른 사람보다 나은 위치에 있다고 자만하여 남을 불쌍히 여기는 것은 옳지 않은 일인 것이다. 참으로 옳은 말씀이 아닐 수 없다. 그러나 이제 와서 보면 이 대답은 내용도 중요하지만 대답을 주신 과정 또한 큰 의미가 있는데, 왜냐하면 내가 근래 시작된 스승님과의 채널링으로 정신 분열이 생긴 것은 아닌가 슬슬 생각하기 시작했기 때문이다.

그도 그럴 것이 모든 대답은 나의 생각, 즉 늘 나의 목소리로 전달되고 대답이 오는 시간에도 차이가 있는 데다가 말씀을 들으면서 그 내용을 받아 적을 때 가끔 단어가 고쳐지는 경우가 있기 때문에 사실은 내가 내 자신과 대화하는 것을 스승님하고 채널링한다고 망상하는 것이 아닌가 하는 의문이 들기 시작했던 것이다. 그런데 이번 질문의 대답에서는 스승님의 '엄함'까지 생생하게 느껴지고 답이 오는 속도도 매우 순식간이었으며 평등심이라는 단어를 들을 때는 '평등심?' 하며 되묻는 마음이 들었기 때문에 이 상황이 결코 자작극은 아니라는 확신을 가질 수 있었다.

결국 오늘 일은 내가 실제로 스승님과 채널링한다는 믿음을 주는 좋은 계기가 되었다. 더 나아가, 나의 이런 숨은 고민을 질문에 대한 훌륭한 대답과 함께 해결해 주신 스승님은 대단히 고맙고 영민한 분이시라는 생각이 들었다. 앞으로의 가르침이 많이 기대된다!

언제나 그렇듯 5월이 시작되자마자 매일 날씨가 환상적이다. 오늘도 날씨가 너무 맑고 아름다워 행복한 마음이 되어 음악과 스승님의 만트라를 많이 듣게 되었는데 그러다 보니 나는 평생 늘 음악과 함께 살았다는 생각이 문득 들었다. 여러 장르를 넘나들며 내가 좋아하는 음악을 듣고 새로운 음악을 찾아내는 기쁨은 나에게 있어서 그 무엇보다 컸다. 어찌 보면 음악은 기쁠 때나 슬플 때나 항상 내 곁에 있어 주고 나를 든든히 지켜 준 가장 소중한 친구가 아니었을까 싶다. 그냥 음과 음의 연결인 음악이 그런 역할을 해 주었다니, 놀랍지 않은가?

하여 스승님께 부탁드렸다.
"스승님, 음악이 무엇인지 설명해 주실 수 있을까요?"

스승님은 이에 답하셨다.
"음악은 우주의 진리를 수학적 체계, 즉 멜로디와 화음으로 풀어낸 것이며 조화와 융합을 기반으로 한다. 또한 그것을 들으며 인간은 우주와 연결되고 각자 자신의 영적 성장에 맞는 음악을 아름답다고 느낀다."

스승님의 말씀으로 나는 어째서 내가 음악을 들으면서 내면의 감정들을 확인받고 또 때론 위로 받았는지, 왜 사람마다 좋아하는 음악이 다른지 빠르게 이해할 수 있었다. 스승님의 가르침은 정말 재미있는 것 같다!

《미라래빠의 십만송》은 스승님이 살아 계실 때 노래로 설파하신 십만 개의 가르침을 담아 놓은 책이라 하는데 비록 아직 읽어보지는 않았어도 스승님이 매우 특별하신 분이셨다는 생각이 들게한다. 그러나 그것보다 더 중요한 것은 노래를 가르침의 방편으로 택하신 이유가 아닐까 싶어 오늘 음악에 대한 주제가 나온 김에 다음과 같은 질문도 하기로 하였다.
"스승님도 그러셨지만, 많은 사람이 노래를 통하여 메시지를 전달하려 하는 이유는 무엇일까요?"

나의 질문을 들으신 스승님은 다음과 같이 말씀하셨다.

"음악을 통해 사람들은 각자의 우주와 연결되고 의식이 넓어지기 때문에 전달되려는 메시지가 더욱 확실히 이해된다. 기도, 즉 만트라가 음악과 함께 바쳐지는 이유도 바로 여기에 있다. 그러므로 온전한 기도는 온전한 멜로디, 음악과 융합된다."

나는 스승님의 답을 듣고 당시 티베트에서 스승님을 모시던 제자들이 스승님의 가르침을 아름다운 노래로 들으면서 얼마나 마음이 편안하고 행복하였을까 생각하며 부러웠고 그러한 행복이 현세를 살고 있는 우리에게도 주어진다면 어땠을까 하는 상상을 하게 되는 것이었다.

 오늘 또 하나 신기한 일이 일어났다.

저녁에 과일을 먹고 있는데 머릿속에서 난데없이 "스승님, 중용이란 무엇입니까?"라고 묻는 내 자신을 발견한 것이다. 과일을 먹다가 중용이라는 단어가 왜 갑자기 떠오르는 것인지 몰라 약간 황당해하고 있는데 놀랍게도 스승님이 순식간에 대답을 하시는 거였다.

스승님은 "그것은 무엇의 중간이 아니라 오히려 절대적인 선을 얘기한다. 세상의 진리는 비이분화, 즉 비이원에 있으니 중용이란 비이원의 상태를 말한다"라고 말씀하셨다.

"와우!"

'옳으신 말씀도 말씀이지만 이런 방식으로도 스승님과의 대화가 가능하구나...!' 보면 볼수록 스승님은 정말 가까운 곳에 계시고 나와도 실시간으로 연결되실 수 있는 것 같다. 그저 놀라울 따름이다.

오늘은 약간 초조한 마음으로 하루를 시작하였다. 왜냐하면 스승님을 만나고 나서 채널링도 하게 되고 새 사람으로 태어나 새로운 인생을 살아가는 것에 대한 고마움이 크지만 내가 앞으로 과연 수행을 잘할 수 있을 것인가에 관한 걱정도 늘어가는 듯하기 때문이다. 그리고 출가하지 않은 사람의 수행이란 어떤 건지 잘 상상이 되지 않는데다가 왠지 나의 수행은 비록 즐겁지만 쉽지는 않은 일이 될 것 같다는 예감이 드는 것이었다. 이런 착잡한 마음으로 멍하니 앉아 있자니 스승님의 말씀이 들려왔다.

"수행하는 이에게 요구되는 최고의 가치와 덕은 단지 꾸준함이다. 그리고 이것은 수행자의 빠른 이해와 성과보다 더 높이 평가된다."

스승님은 계속 말씀하셨다.
"너도 선생님이라는 직업을 해 봐서 알겠지만 학생이 증명해야 하는 것은 아무것도 없다. 모든 것은 가르치는 사람의 책임이다."

이렇게 말씀하시는 것을 듣고 나니 불안한 마음은 눈 녹듯이 사라지는 듯하였다. 그리고 깨달았다. 내가 해야 할 일은 그저 모든 것을 스승님께 맡기고 이제부터는 스승님이 내 인생의 가이드임을 인정하고 받아들이는 것임을 말이다.

"그래요, 스승님. 저는 이제 스승님을 전적으로 믿고 따르겠습니다. 앞으로 저를 잘 돌보아 주시고 가르쳐 주십시오! 감사합니다!"

하지만 스승님의 말씀을 듣고 마음이 평온한 것도 잠시, 오후가 되니 이번에는 마음속에서 내 에고가 다시 눈을 뜨는 것 같았고 그 에고는 매우 의심스러운 목소리로 물었다. "스승님과의 채널링이 정말 사실이냐?"고.
나는 스승님께 모든 것을 맡기자 다짐하고서도 에고의 놀음에 영향을 받는 내 자신 때문에 조금 쑥스러웠지만 물었다.
"스승님, 수행자의 에고가 살아 있는 것이 좋은 일입니까?"

스승님은 아침의 조언에도 불구하고 또다시 부정성에 시달리는 나를 이해하시며 너그럽게 말씀하셨다.

"존재하는 에고는 수행자가 더 완고하게 수행할 수 있도록 유도한다. 그러니 너의 에고를 너무 미워하지 말아라."

과연 나는 스승님 말씀대로 에고의 존재조차 받아들이고 오히려 그것이 내 수행에 도움이 되게 할 수 있는 수행자로 클 수 있을까?

🧘 스승님과의 대화 후 어지러웠던 마음을 가라앉히려 옥상에 올라가니 말 그대로 세상은 넓고 아름다웠다. 그 아름다움 앞에서 눈을 감고 쉬자니 갑자기 내 눈에 예전에 보지 못했던 오묘한 빛들이 보이는 것이 아닌가? 그런데 여러 가지 색채의 조합을 흥미롭게 보고 있으려니까 곧 그 색들보다 오히려 내가 그렇게 눈을 감고도 아름다운 빛을 본다는 것 자체가 더 특이하게 느껴지는 것이었다. 그래서 스승님께 여쭈게 되었다.

"스승님, 본다는 것은 무엇입니까?"
그러니 들려온 대답.
"밝음이다!"

이 대답은 짧지만 너무나 명료하고 철학적이어서 나는 큰 감동을 받았다. 그렇다! 본다는 것은 눈으로 보는 것도 있겠지만 무엇보다 마음으로 보는 것 아닌가? 그리고 이 모두 밝지 않으면 볼 수 없는 것이 아니던가?

🧘 밝음에 대해 생각하며 옥상에 계속 앉아 있는데 내 머리 위로 빠른 속도로 날아가는 새들이 보였다. 그것을 한참 보고 있다 보

니 난다는 것은 얼마나 신나는 일일까 싶어 새삼 부럽기도 하고 작은 새들조차도 저렇게 빨리 날 수 있는 것이 신기하기도 하였다.

그래서 "스승님, 속도란 어떤 것입니까?" 하고 스승님께 물으니 "움직임의 원동력이다"라며 말씀하셨다.

그 대답을 들으니 스승님이 마치 정말 나와 함께 같은 곳을 보고 계시다는 생각이 들어 어느 때보다 가깝게 느껴졌다.

저녁에는 영적인 공부를 평생 해 온 언니가 스승님께 뭐 하나 대신 물어봐 줄 수 있냐면서 부탁을 해 왔다. 언니는 환생이 어떤 의미를 갖고 있는지 알고 싶은 모양이었다. 그래서 나는 비록 내 질문은 아니지만 스승님께 여쭈었다.

"스승님, 환생이란 무엇입니까?"
질문을 들으신 스승님은 매우 간단히 대답하셨다.
"참나를 찾아가는 과정이다!"라고.

답을 전달받은 언니는 아주 정확한 대답이라 하였는데 질문을 한 언니도, 대답을 주신 스승님도 더 자세한 설명은 필요 없다고 생각하는 듯하였다. 그만큼 참진리는 이해하고 설명하기 쉬운 것이어야 하나 보다.

잠이 들기 전 인터넷에서 미라래빠에 대해 찾아보다가 스승님이 말씀하셨다는 다음과 같은 구절을 읽었다.

"처음에는 아무것도 오지 않고, 중간에는 아무것도 머무르지 않으며, 끝에는 아무것도 가지 않는다(At the beginning nothing comes, in the middle nothing stays, in the end nothing goes)."

"어렵네..., 그게 뭘까?"
마치 수수께끼 같은 이 문장 앞에서 나는 한동안 고민하다가, "깨달음입니까?" 하고 스승님께 물어보니 스승님은 맞다고 하시며 다음과 같이 부연 설명하셨다

"깨달음은 처음에 없고, 왔어도 체험을 통하지 않으면 믿고 이해하기 힘드나, 체험 후에는 다시 떠나지 않는다."

잠시 스승님의 대답을 음미하고 있는데 스승님이 나에게 계속 말씀하셨다. 스승님은 이 문구를 명상 수련을 가르치는 셋째 언니에게도 보내어 같이 생각해 보게 하라시는 거였다. 언니는 내가 미라래빠와 채널링하고 있음을 확실히 믿는 사람인데 스승님은 언니에게도 도움을 주시려는 것이었다. 스승님의 말씀대로 이 말씀을 전달하니 언니는 진심으로 감사하면서 다음과 같은 메시지를 전해 왔다.
"몸으로 이해하는 중입니다!"

2020년 5월 8일 (금요일)

오늘은 얼마 전 주문한 그림 〈스페이스 미라래빠〉가 도착할 것만 같은 느낌이 드는 날이어서 아침부터 마음이 꽤 설렜다. '그림은 화면으로만 보던 것보다 많이 다를까?' '실물은 과연 얼마나 더 예쁠까?' 이런저런 생각을 하다가 스승님께 물었다.

"스승님, 아름답다는 것은 무슨 뜻입니까?"
스승님은 말씀하셨다.

"본래 아름답다거나 아름답지 않다는 것은 없다. 모든 것은 내 마음의 환영인 것이다. 그러니 너의 마음이 아름다우면 모든 것이 아름답게 된다. 또한 무엇을 보는지는 각자의 자유이며 능력이기도 하다."

이 말씀을 듣고 나니 절대적인 아름다움이라는 것 자체가 없음이 이해되는 듯하였다. 하지만 그렇기에 더욱더 아름다움을 발견하며 살고 싶다는 생각이 드는 것이었다. 그래서 스승님께 내 감정을 말씀드렸다.

"스승님, 저는 늘 그랬던 것처럼 세상을 아름답다고 느끼면서 보고 싶어요. 아무리 그것이 모두 환영일지라도요."

그리고 점심때 도착한 스승님의 그림은 스승님에 대한 나의 마음 그대로 긍정 에너지를 뿜어내는 아름다운 영적 작품으로 보였다.

오후가 되어 지인의 아들 사진들을 보고 있자니 이제 곧 첫 말을 하기 시작하겠구나 하는 생각이 들었다. 그러다 보니 내가 옛날부터 사람이 언어를 배운다는 것을 늘 특이하게 생각했었다는 걸 떠올리게 되었다. 외국어를 배운다는 것도 놀랍지만 더 놀라운 것은 아기가 태어나 언어를 배우는 것 아니던가? 아무것도 모르고 준비조차 안 된 아기가 자라면서 주변 사람들의 말을 다 이해하고 배운다는 사실이 무척 감탄스러웠던 나는 스승님께 여쭈었다.

"스승님, 아기들은 언어를 어떻게 습득합니까?"
질문을 받으신 스승님은 다음과 같이 말씀하셨다.

"그 시기에 아기는 뚜렷한 자아도, 편견도, 분별심도 없기 때문에 상대방이 전달하려는 생각의 메시지를 그대로 이해할 수 있으며 동시에 각 메시지를 함께 쓰여지는 언어와 결합시킨다. 그러므로 이때 아기를 돌보는 사람들의 감정이 풍부하고 그 감정에 이중성 없이 진실하면 아기는 쓰여지는 단어뿐만 아니라 단어에 담긴 본뜻도 올바르게 배우게 되는 것이다. 뿐만 아니라 아기들은 환생을 통해 지구에 오는 경우가 대부분이므로 우주에서 통하는 생각에서 생각으로 전달되는 메시지 교환 방식을 아직 망각하지 않고 있어 이것 또한 언어를 배우는 데 도움이 된다."

스승님의 말씀은 나에게 여느 학문적인 설명보다 더 깊은 인상을 주었다. 아울러 언어를 넘어선 감정의 이해란 매우 오묘하다는 생각을 다시 한번 하게 해 주었다. 또한 '사랑, 공감, 이해심'과 같은 단어들이 언어적인 차원에만 머무르거나 잘못 이해되어 일어나는 인간들의 끊임없는 고뇌를 떠올리면 아이들에게 언어를 가르친다는 것이 더욱더 큰 책임감으로 다가와야 한다는 생각도 함께 드는 것이었다.

그렇게 스승님과의 대화를 마치고 마당을 내다보니 참새들이 잔디에 앉아 울고 있었다. '쨱, 쨱' 하는 소리로 표현되는 언어는 늘 들어 오던 단조로운 멜로디였다. 그걸 듣다가 오늘은 언어에 대한 가르침을 받고 있으니 이참에 같이 물어야겠다 생각하여 "스승님, 동물들은 왜 비슷한 톤(tone)을 사용하여 소리를 낼까요? 또 그들은 서로의 언어를 이해합니까?"라고 질문하니 스승님은 이에 곧 답하셨다.

"그것은 그들에게 서로 간의 소통에 필요한 단어, 다시 말하면 소통이 필요한 순간이 지극히 한정적이기 때문이다. 하지만 동물의 진화 단계에 따라 그 소통 방식은 좁아지거나 넓어진다. 서로의 언어는 인간들이 외국어를 이해 못하듯이 그들도 이해하지 못하나 상황에서 유추한다. 이것도 인간과 같다."

이를 들어 보니 인간이든 동물이든 그들의 소통에 요구되는 언어는 매우 한정적인 힘을 갖고 있는 듯하다. 결국 언어는 한낱 도구일 뿐, 더 중요한 것은 타인과 상황을 제대로 이해할 수 있게 해 주는 감정적인 인지 능력이 아닐까 싶다.

오후에는 하늘이 보고 싶어 옥상에 올라가니 늦은 오후 햇살이 신비롭게 구름에 가려 있는 것이었다. 그 아름다움에 취해 하늘을 보고 있는데 스승님이 나에게 말씀해 왔다.

"해가 구름에 가려 있다고 없는 것이 아니고, 선이 악에 가려 있다 하여 없는 것이 아니며, 진실이 가려 있다 해도 없는 것이 아니고, 너의 모든 질문에 답이 없는 것도 아니니, 네가 지금 모른다, 이해하지 못한다, 보지 못한다 하여 그것들이 있음을 의심하지 말거라."

"네, 스승님. 언제나 진실만을 보는 사람이 되도록 하겠나이다! 오늘도 좋은 가르침을 주셔서 정말 감사합니다!"

"해가 구름에 가려 있다고 없는 것이 아니고..."

2020년 5월 9일 (토요일)

오늘은 그동안 스승님이 해 주신 말씀을 기록하기 위해서 새로운 질문은 하지 않는 대신 스승님과 앞으로의 수업 절차에 대해 논의하였다.

특히, 수업과 마지막 기도를 마친 후 스승님 그림을 벽에서 떼어 다음 날 아침 수업이 시작될 때까지 따로 모시기로 했다. 왜냐하면 스승님이 침대 앞에서 나를 밤새 보고 계시니 정신이 자꾸 맑아져 잠자는 게 힘들었기 때문이다. 또한 주중에는 어떤 요일에 공부하든지 상관없지만 하루 이틀 정도는 일상을 위해 쉬었으면 하였는데 스승님은 이런 조건들에 흔쾌히 동의해 주셨다.

이 나이에 수업이라는 단어가 좀 안 어울릴 수 있지만 앞으로도 기도와 운동을 포함한 하루의 일과를 되도록이면 일정 시간에 하려 하고 더욱이 늘 새로운 가르침을 배우는 스승님과의 대화도 매일 이어 나갈 예정이다 보니 마치 다시 학교에 다니는 듯한 느낌이 들어 수업이라는 단어가 왠지 그리 틀린 말은 아니라는 생각이 든다.

더불어 고맙게도 스승님은 이제부터 나의 식습관 또한 가이드를 해 주신다고 말씀하셨는데 그 이유는 내가 앓고 있는 메니에르라는 병이 잘못된 식사 습관 때문에 발병하기도 하기 때문이다. 그렇기에 스승님은 매일 내가 뭘 먹을지, 어떻게 먹을지 자세히 알려 주신다고 한다. 하지만 그보다 더 주목할 것은 음식을 감사한 마음으로 먹는 태도를 배울 수 있도록 하시려는 것이었다.

　이렇게 나는 스승님의 도움으로 잘못되었던 생활 전반을 재조정하고 새로운 삶을 시작하고 있는 중이다. 내가 정말 복이 많은 사람이라 새삼 느끼며 이 감사한 마음, 앞으로 어떤 형태로든 반드시 보답할 수 있으면 한다.

2020년 5월 10일 (일요일)

오늘은 스승님의 책, 《십만송》을 읽고 있으려니까 스승님이 그 내용을 반드시 가슴에 새기라 하셨다. 거기에는 인간으로 태어나 진리를 수행하는 것이 얼마나 값진 일인지, 이때 진정한 스승과 적합한 환경을 만나는 것이란 또 얼마나 어려운가를 강조하신 내용이 나와 있었는데 스승님은 이를 충족한 이에게 용맹정진할 것을 당부하고 계셨다. 그리고 그 말씀을 읽은 나는 나의 현재 상황이 수행할 수 있는 최상의 조건을 갖추고 있음을 놀라움과 함께 깨닫게 되었다. 하지만 한편으로 내가 앞으로 해야 할 수행은 그만큼 강도 높지 않을까 하는 걱정스러운 마음도 동시에 올라오는 것이었다.

어젯밤에는 현실과 같은 여러 가지 꿈들을 꾸었다. 그렇지만 그것들의 의미를 생각해 보다가 모두 그리 의미 있는 꿈들은 아니었다는 결론을 내리고 말았다. 그러나 평생 매일 밤 꿈을 꾸고 아침에 일어나 조금이나마 그 꿈에 의미를 부여하고자 꿈 해몽을 찾아보고는 했던 나를 돌이켜 보면, 꿈이란 그 내용이 무엇이든지 특별하게 보이게 하는 본래의 특성이 있는 듯하였다. 그래서 스승님께 묻게 되었다.

"스승님, 꿈이란 무엇입니까?"
내 물음을 들으신 스승님은 말씀하셨다.

"꿈은 네 생각의 거울이다. 네 생각이 좋으면 좋은 꿈, 나쁘면 나쁜 꿈이 보인다."

나는 계속 물었다.
"그렇다면 예지몽이란 무엇입니까?"

"무의식도 너의 의식이며 예지는 그 무의식에서 나온다. 본능적으로 일어날 일을 무의식이 알고 있거나 우주의 정보를 받아 무의식적으로 해석하여 보여 주는 것이다."

스승님의 말씀을 들으니 그동안 다른 사람들의 꿈 해석에 의지했던 내가 어리석게 느껴졌다. 그리고 자신의 마음과 의식세계를 이해하는 사람은 꿈의 내용을 스스로 바꿀 수도 있고, 그게 아니라면 적어도 꿈으로부터 자신의 삶에 관한 예상하지 못했던 많은 정보를 얻을 수 있겠다는 생각이 들었다.

 꿈에 관하여 스승님과 대화를 나누다 보니 테마는 자연스럽게 '실망'으로 넘어가게 되었다. 왜냐하면 내 꿈의 소재 중 다수가 실제로 다른 사람들과의 관계 속에서 겪었던 실망을 주제로 하고 있었고 그런 꿈들은 악몽과도 같은 성격을 띠고 있었기 때문이었다. 이런 맥락에서 나는 물었다.

"스승님, 실망이란 어떤 감정입니까?"
나의 질문을 들으시고 스승님은 답하셨다.

"실망은 너의 기대와 희망이 채워지지 않을 때 일어나는 마음이다. 사실 모든 인간은 자신의 본성을 남에게 온전히 속일 수 없고 이것은 여러 상황에서 드러나므로 너는 상대방의 본모습을 그대로 받아들여야 하는 것이다. 그러나 그렇게 하지 못하고 너는 네 기대와 희망을 그 사람에게 투영하였으니 실망은 어디까지나 너의 잘못에서 비롯된 것이다. 그뿐만 아니라 너는 평가 없이 남의 본성을 받아들이지 못하고 네 기대가 채워지기를 상대방에게 요구하기 때문에 상대방도 이 과정에서 자기의 본성을 점점 잘못 이해하고 잃어버리게 된다. 그러니 요구하지 말고, 기대하지도 말고, 그저 받아들여라. 그러면 실망도 없느니라. 또한 이러한 잘못된 상호 과정을 통해 자신을 잃어버린 사람이 있다면 그를 오히려 측은하게 생각하여야 한다."

비록 꿈이라는 주제에서 하게 된 질문이지만 스승님의 말씀은 관계에 대해 다시 한번 근본적으로 생각해 보는 계기를 주었다. 그리고 그동안에 내가 맺어 왔던 실망스러운 관계들이 사실은 내가 요구한 기대와 희망으로 얼룩지게 되었다고 생각하니 나 때문에 상처 받았을 사람들에게 미안한 생각이 많이 든다. 그렇기 때문에 다시는 만나지 못할 사람들이 대부분이지만, 이제라도 그들에게 기도하는 마음으로 사죄하려 한다.

 "알리끼, 뭐 해? 같이 침대에 누울까?"
 하루를 마치며 알리끼와 침대에 누워 쉬는 시간은 하루 중 가장 행복한 시간이 아닐까 싶다. 알리끼와 같이 산 지도 벌써 12년! 나의 가장 파란만장했던 지난 12년의 인생을 함께했기에 나라는 사람을 누구보다 잘 아는 알리끼를 보고 있자니 내 과거의 기억들은 알리끼에게도 고스란히 저장되어 있다는 생각이 들었다. 그게 아니라 하더라도 알리끼는 내 인생 최고의 동반자이고 너무 고마운 존재인 것만큼은 확실했다.

 그래서 스승님께 여쭤보았다.
 "스승님, 고양이는 어떤 동물입니까?"

 "고양이는 수행자에게 가장 적합한 동물이다. 그들은 자유롭고, 독립적이고, 영적이며, 조용하다. 또한 제한된 공간에서 머무름을 개의치 않고 루틴을 좋아하며 무리를 지어 생활하는 것을 꺼리며 낯선 이들의 관심을 갈구하지도 않는다. 무엇보다 그들은 하루의 대부분을 잠자면서 보내는데 이는 수행자로 하여금 삶이란 무엇인가 하는 질문을 던지게 한다. 또한 그들은 특별한 행위나 즐거움 없이 종일 잠만 자는데도 아무런 불만이 없다. 그러나 이 중에서 가장 큰 덕목은 그들이 행복이 무엇인지 보여 준다는 것이다. 그저 존재하는 것이 가장 큰 행복인 것을 말이다. 하지만 더 놀라운 것은 그들이 행복이란 개념조차 가지고 있지 않다는 것이다. 그들은 그냥 존재할 뿐이다. 그러니 네가 너의 고양이를 사랑하는 이유는 아마 그가 너의 살아 있는 큰 스승이기 때문일 것이다."

이것이야말로 알리끼가 고양이로서 들을 수 있는 최고의 찬사가 아닐까?
"스승님의 말씀 들었니? 알리끼 사랑해! 그리고 너무 고마워!"

알리끼
Aliki

나는 8시간 동안 도중에 깨지도 않고 편안하게 자고 일어나 어제 스승님과 나눴던 대화들을 돌이켜 보며 스승님께 물어보았다.

"스승님, 제가 앞으로 배워야 하는 가장 중요한 마음가짐은 무엇인지요?"

그러니 스승님은 말씀하셨다.

"평정심이다. 어떤 일이든 동전의 양면을 갖고 있는 것이니 좋기만 한 또는 나쁘기만 한 일이란 없다. 그러니 한결같이 평온한 마음으로 일어나는 일을 바라보고 흘러가게 두어라!"

"네, 스승님 맞습니다. 저는 평생 다른 사람들의 감정이나 의견에 늘 동요하였습니다. 이제부터는 스승님 말씀대로 평정심을 유지하도록 노력하겠습니다!" 나는 감사해하며 말하였다.

오후에는 볼일이 있어 나가기로 하였는데 그간 스승님과의 채널링 때문에 몸과 마음이 속세를 잠시 떠나 있었더니 '현실적'인과제를 하러 나가는 내가 왠지 죄스럽게 느껴졌다. 그래서 나는 스승님께 "제가 인간으로서 해야 할 임무도 있으니까 이해해 주십시오!" 하고 말씀 드리고는 집을 나섰다. 그리고 차를 몰고 나가는 동안에는 이 외출이 인간인 나와 영적으로 존재하시는 스승님과의 관계가 현실세계에서 앞으로 어떻게 정립되어야 할지 알게 해 주면 좋겠다고 기도드렸다.

 그런데 일을 보기 시작하자마자 나는 내가 이미 예전의 내가 아님을 알 수 있었다. 평소와 같이 물건도 사고 밥도 먹지만 현실감은 많이 떨어진 듯했고 밖에 나온 목적 이외에는 다른 관심이 없으며 예전에 나를 현란하게 하던 자극에도 무뎌졌음을 느낄 수 있었다. 무엇보다 나는 내가 이제 늘 기도하고 수행하는 마음으로 길을 걷고 일을 보고 있음을 발견했다. 예를 들어 피곤을 느껴 잠시 음료수를 마시면서 지나가는 사람들을 볼 때는 그들 중 몇 명이나 영적으로 깨어났으며 또 얼마나 많은 사람이 윤회의 길을 걷게 될까 생각하였다. 마치 보이는 모든 것이 수행의 재료인 것 같았다. 하지만 행인들을 한참 바라보다가 문득 '네가 비록 영적으로 깨어났다지만, 너 역시 결국에는 피곤하다고 쉬면서 음료를 마셔야 하는 한낱 인간일 뿐 아니냐'라며 자문하였다. 그리고 이 때문에 마음이 복잡해진 나는 스승님께 물었다.

"스승님, 인간의 몸으로 살아간다는 것은 어떤 의미를 갖고 있나요?"

질문을 들으신 스승님의 대답은 시끄러운 음악 사이로 내 마음속에 또렷이 울려왔다.

"인간의 몸으로 살아간다는 것은 자신의 본성과 멀어진다는 뜻이다. 과보로 인해 육신을 갖고 태어난 인간은 카르마 청산의 목표를 가지고 있으나 영적으로 깨어나기 전까지는 그것을 망각한 채 고통과 헛된 욕망에 자기를 희생한다. 그러나 카르마를 청산하고 진정으로 깨어난 자에게 그의 몸은 오감을 통한 진정한 경험을 하게 해 주는 소중한 도구가 된다."

깨어난 자의 몸은 축복이기에, 살아 있어 몸을 사용하며 일상을 사는 것은 아무런 문제나 죄가 되지 않음을 깨닫게 해 주신 스승님의 이 말씀은 내가 앞으로 '제대로' 살아가는 데 꼭 필요한 도움을 주게 되리라 믿는다.

저녁이 되어 나는 이만큼 공부했으면 충분하다는 생각으로 읽던 책들을 대충 옆으로 정리하고 저녁을 먹으면서 스승님과 만나기도 전에 보기 시작했던 드라마를 보려는데, 이를 틀자마자 범죄 현장이 나오면서 피가 흐르는 것이 보였다. 그런 장면들을 보고 있자니 "그런 것을 꼭 봐야 하겠느냐?"라는 스승님의 타이르는 목소리가 들려왔다. 나는 순간 "맞습니다. 스승님, 죄송합니다!" 하고 사죄하였고 수행자는 봐야 할 것과 보지 말아야 할 것을 분별해야

함과 수행하는 장소는 에너지적으로 청정하게 유지되어야 함을 이
해하게 되었다.

🖋 2020년 5월 12일 (화요일)

🧘 스승님과의 극적인 만남 이후로 내 삶은 정말 많이 바뀐 것 같다. 물론 긍정적인 방향으로 말이다. 무엇보다 가장 고마운 것은 더 이상 많이 아프지 않다는 점일 것이다. 또한 왠지 스승님과 계속할 수만 있다면 육체의 고통은 앞으로도 잘 이겨 낼 수 있을 것만 같은 확신이 드는 중이다. 그런데 실망스럽게도 어제저녁에는 양쪽 귀에서 불현듯 이명이 심해짐을 느꼈다. 불안을 느낀 나는 즉시 스승님께 물었다.

"스승님, 제가 다시 아픈 것입니까?"
나의 이런 불안한 마음을 인지하신 스승님은 단호하게 말씀하셨다.

"병에는 실체가 없거늘, 왜 네가 아프겠느냐? 예전에도 너는 아픈 것이 아니라 병을 통하여 너의 과거를 털어 내고 있었을 뿐이다. 만약 네 과거를 이제 다 놓아 버렸다고 생각한다면 너는 더 이상 아프지 않을 것이라 믿어도 좋다."

확신을 담은 스승님의 이런 말씀은 깊은 위로가 아닐 수 없다.

"그래, 넌 아픈 게 아니야! 스승님이 그리 말씀하시지 않니? 이제 믿음을 가져야 해!"

 오후가 되니 탁했던 공기가 맑아지면서 하늘이 뭉게구름을 피우며 되살아났다. 나는 그것이 너무 아름다워 마당으로 나가 의자에 앉아 불어오는 바람을 느끼며 하늘을 보면서 좋은 클래식을 들었는데 갑자기 3년 전에 돌아가신 어머니가 생각나 눈물이 흘렀다. 나는 순간 물었다.
"스승님, 눈물이란 어떤 것입니까?"

스승님은 "눈물은 몸속의 에너지를 정화하는 과정에서 생긴다. 또한 눈물은 우는 사람에게나 보는 사람에게 어떤 특정 메시지를 전달하는 역할도 한다. 기쁨, 슬픔, 속상함, 분노와 같은 감정의 메시지는 눈물이라는 매개체를 통해 공식화되는 것이다. 그러나 예를 들어 흐르는 눈물이 참된 기쁨의 눈물인지 아닌지는 눈물을 흘리는 사람만이 알 수 있다"고 대답하셨다.

 나는 스승님의 대답에 감사하며 계속 물었다.
"스승님, 그럼 바람이란 무엇입니까?"

그러자 "에너지의 이동이다. 때로는 양 에너지가 또 때로는 음 에너지가 자리를 이동하고 모이다가 흩어지면서 일어나는 현상이다"
하고 설명하셨다.

그 후 나는 불어오는 바람에 내 몸을 맡기고 흘러 다니는 그 에너
지들을 느끼며 오래 서 있었는데 몸과 정신이 깨끗이 정화되어 내
영혼도 새처럼 바람과 함께 나는 느낌이 들었다.

밤이 되어 잠을 자려 하는데 평상시와는 다르게 잠이 오질
않았다. 그건 머릿속에 '수행에 방해될 수 있는 상황들과 사람들'에
대한 생각이 떠올랐기 때문인데, 그런 염려는 이미 읽은 스승님의
가르침을 되새김으로 인해 다행히 빨리 정리될 수 있었다.

스승님께서는 본인이 얼마나 열악한 환경에서 수행하였는지 자세
히 말씀하시는데 그 설명 속의 한 구절은 이러하다. "이런 재앙 속
에서도 나는 홀로 온전한 고독 속에 살았네."[1]

스승님의 이런 고백은 나의 불평을 단번에 부끄럽게 만들고 스승
님보다 천만 배 좋은 환경에 놓여 있는 나는 오로지 더욱 묵묵히 수
행해야 함을 깨닫게 해 주기에 충분한 듯하다.

---

1) ≪미라래빠의 십만송≫

2020년 5월 13일 (수요일)

어제저녁에는 컨디션이 호전되어 몸도 마음도 한결 나아졌는데 그 이유에 대해 하루 마지막 기도를 하며 스승님께 물었다.

스승님은 "이제부터는 조그마한 카르마라도 쌓이게 되면 즉각 그것을 해소하는 과정이 있을 것이다"라고 하셨다.

실제로 나는 어머니가 돌아가신 후 3년이 넘는 기간 동안 크나큰 고통 속에서 카르마 청산을 해 왔고 그 결과로 최근 나의 카르마는 거의 제로 상태가 된 듯했다. 또한 그런 과정을 통해 나는 맑은 영혼을 다시 되찾을 수 있었고 스승님도 그 덕분에 만나 뵐 수 있었다고 생각한다. 실질적으로 우리 인간은 죽기 전에 평생 쌓은 카르마를 없애기 위해 스스로 노력해야 하지만, 그러기 위해서는 먼저 영적으로 깨어나야 하기 때문에 이는 매우 힘든 과정이 아닐 수 없다. 하지만 업 청산을 비록 성공적으로 이룬 사람이라 하더라도 그의 육체가 살아 있는 한 '에고'도 반드시 같이 살아 존재하기 때문에 그는 에고가 저지를 수 있는 갖은 실수에 의한 새로운 카르마 생성이라는 위험에 쉽게 노출되고 만다.

카르마가 청산된 바로 그 시점에서 육신을 떠나 죽게 된다면 이는 영적 차원에서 볼 때 가장 이상적인 시나리오겠지만 그게 어디 쉬운 일이겠는가? 나 역시 카르마 청산 후 죽지 못하였으니 수행을 통해 내 에고를 계속 바라보고 감시해야 하는 운명에 놓여 있다. 그러나 스승님 말씀대로 에고는 비록 수행의 방해 요소이지만 수행자는 그 방해를 극복하기 위해 더욱 수행에 정진하게 되므로 너무 미워하지 말아야 할 대상임이 틀림없는 듯하다. 하지만 그 에고 때문에 새롭게 쌓이는 카르마는 엄연히 다른 문제인 것이다. 그러므로 죽기 전까지 에고와 카르마의 문제를 절대 간과해서는 안 되며 이를 해결하는 가장 효과적인 방법은 바로 지속적인 수행임을 잊지 말아야 할 것 같다.

오늘 날씨는 오월의 전형적인 날씨로, 햇빛이 유난히 밝고 바람이 살랑이면서 덥지도 춥지도 않은 것이, 한마디로 황홀하였다. 우리 집은 우연치 않게도 절 바로 앞에 위치하고 있어 스님들의 염불을 자주 가까이서 들을 수 있는데 오늘도 역시 어느 스님 한 분이 열심히 염불 중이셨다. 나는 순간 스승님께 청하였다.

"스승님, 불자나 신자들에게 반드시 필요한 마음과 태도는 무엇인지 알고 싶습니다."

그러니 스승님은 다음과 같이 말씀하셨다.
"자신이 하늘과 연결되어 있다고 하는 믿음이요, 그 믿음을 위해 마음을 여는 것이다. 마음을 열면 자신이 우주와 연결된 한 부분이라는 것을 알게 되는데 그것이 신을 만날 수 있는 유일한 방법이다. 더욱이 이런 마음은 궁극적으로 나와 우주, 더 나아가 신은 한 몸이라는 것을 깨닫게 해 준다.”

　나는 이와 같은 말씀을 듣고, 왜 자연 속에서 그 아름다움으로 행복을 느낄 때 스승님과의 대화가 가장 효과적으로 이루어지는지를 설명할 수 있었다. 나는 자연과 동화하기에 이내 치유되며 그로 인해 내 마음도 비로소 하늘을 향해 활짝 열리게 되는 거였다. 또한 거기에는 전 우주, 스승님 그리고 ‘참나’가 있는 것이었다.

 　한참을 마당에 있자니 하얀 나비 한 마리가 날아와 꽃에 앉았다.

　나는 독일 유학 시절에 맏언니를 불행한 사고로 일찍 여의었는데 언니의 장례식 때 성당 안을 날고 있는 하얀 나비 한 마리를 보았다. 베를린의 10월 말 날씨는 냉랭하기 그지없기 때문에 나비가 날아다닌다는 것은 있을 수 없는 일인데도 장례 미사가 진행되고 있는 동안 갑자기 나비가 나타나 언니의 관 주변을 맴돌았으니, 그 순간이 정말 비현실적이고 신비롭게 느껴졌다. 게다가 관 옆에는 죽은 나비 한 마리가 놓여 있고, 위로는 살아 있는 나비가 자유롭게 날아다녔는데 추모자들은 이 광경을 그저 놀라운 시선으로 바라보았다. 나는 당시 나비들을 바라보며 돌아가신 언니가 그들을 통해 “나는 비록 죽었지만 다시 태어났다"라고 하는 메시지를 우리에게 보내온 것이라 확신하였고, 그 후로는 하얀 나비를 볼 때마다 이는 누군가의 영혼이라 여겼다. 그러기에 오늘 우리 집 마당에 날아온 나비를 보면서 저절로 묻게 되었다.

"스승님, 나비는 누군가의 영혼입니까?"

질문을 받으신 스승님이 말씀하셨다. "모든 만물은 각기 영혼을 가졌으니 이 나비 또한 누군가의 영혼이 맞다. 하지만 나비는 어떤 이의 메신저 역할도 할 수 있는 존재다."

이 말씀으로 나는 30년 전 성당에서 보았던 나비들도 언니를 대신하여 우리를 위로하러 온 존재들이었음을 확인받을 수 있었고, 당시 내가 영적으로 완전히 깨어나지 않았었음에도 불구하고 하늘의 메시지를 본능적으로 이해했음을 알게 되었다. 이렇듯이 순수하고 절실한 메시지는 그것을 받는 사람의 자각을 이끌어 내어 반드시 전달되는 것 같다.

"보고 싶은 언니, 잘 있지? 그때 우리에게 나비를 보내 줘서 정말 고마웠어!"

"나비 또한 누군가의 영혼이다."

2020년 5월 14일 (목요일)

 어제 오후의 날씨는 굉장히 요상하였다.

해는 밝고 찬란한데 바람은 공포심을 일으키는 기괴한 '위잉' 소리를 내며 부는 것이었다. 나는 좋은 날씨 때문에 행복한 동시에 두려움도 같이 느끼는 불편한 내 마음이 거슬렸다. 그래서 그런 마음을 어떻게 설명할 수 있을지 물으니 스승님이 말씀하셨다.

"부조화는 늘 불안감을 조성한다. 겉으로 아름다우나 속은 추한 것, 겉은 추하나 속은 아름다운 것, 모두 서로 어울리지 않고 불균형을 야기하니 이는 공포스러운 현실이 될 수 있다. 그러니 부자연스러움을 피하고 조화를 이루어라! 겉과 속이 같아야 한다! 보이는 것과 보이지 않는 것의 일치가 곧 균형이다."

나는 스승님의 말씀에 전적으로 동의하면서 한 인간으로 살아가는 동안 다른 사람들에게 자신의 본모습을 보이는 것의 중요성을 다시금 깨달았고 그들과의 관계 속에서 때때로 갖게 되는 '부조화의 느낌'이 바로 이런 불균형에서 나오는 부정적 에너지임을 알게 되었다.

그것 이외에도 어제 스승님은 나에게 네 가지 따끔한 충고를 해 주셨다.

1. "나를 믿고 따르라!"

이명이 전날 조금 커져서 다시금 불안해지니 이렇게 말씀하셨다. 스승님이 나를 지도하고 계시는데도 그것에 대한 내 믿음이 모자란다는 말씀이시다.

2. "육체적인 현상에 너무 집착하지 말라!"

건강에 너무 신경 쓰는 것이 궁극적으로는 해가 됨을 말씀하신 것이라 이해했다.

3. "불안은 불안을 낳으니 즉시 무시하고 다른 것을 하라!"

꼬리에 꼬리를 무는 상념이 얼마나 헛되고 잘못된 일인지 경고하시면서 관심을 완전히 다른 주제로 돌리는 것의 중요성을 강조하셨다.

4. "카페인은 독이다! 멀리하라!"

어제 카페인이 많은 차를 마시고 가슴이 아프다고 느끼니 평생 내가 커피와 차에 중독되어 살아 건강에 문제가 많았던 것을 재차 상기시켜 주셨다.

2020년 5월 15일 (금요일)

오늘 아침에는 스승님이 내가 쓰고 있는 이 글에 대해 구체적인 아이디어를 주셨다. 스승님은, 스승님과의 대화에서 나온 질문들에 번호를 매기지 말고 '옴(Om, 卐)'자를 써넣으라고 조언하셨다. 나는 순간, "아, 정말 좋은 아이디어다!"라고 말하며 그것을 즉시 실행에 옮겼다. 스승님, 즉 하늘의 가르침은 순서나 중요도의 차이가 없는 절대적이고도 순수한 진리이니 번호를 붙인다는 것 자체가 처음부터 옳지 않은 일이었던 것이다. 또한 이런 가르침을 매일 받고 있는 나는 늘 감사한 마음으로 "옴마니반메훔(Om mani padme hum)!" 하고 외쳐야 하는 것이었다. 무엇보다 번호를 '옴'으로 바꾸고 보니 대화 내용들이 더 체계적이고 살아 숨 쉬는 듯한 느낌으로 새롭게 다가오는 것 아닌가? 모두 정말 묘한 일이 아닐 수 없다!

어젯밤은 자면서 괴로운 꿈에 계속 시달리고 있자니 나의 자아가 그걸 지켜보다 한심했는지 "왜 지금 이런 꿈을 꾸느라 고생이냐? 그냥 깨라"며 명령하였고, 그 때문에 새벽 3시에 눈을 떴다.

너무 이른 새벽에 일어난 것도 한심했지만 더 한심한 것은 그 꿈의 내용이었다. 왜냐하면 7년 전에 헤어진 남자친구가 꿈에 또 나와 내 속을 썩였던 것이다. 실제로 옛 애인에 대한 꿈은 스승님을 만나기 전에도 종종 꾸었기 때문에 그와의 관계로 인한 카르마 청산이 아직 다 되지 않은 것인가 하는 생각이 들어 내심 늘 불안했었다. 그래서 나는 스승님께 물을 수밖에 없었다.

"스승님, 왜 제가 자꾸 그 사람 꿈을 꿉니까?"

내 불안을 감지하신 스승님께서 말씀하셨다. "카르마 청산이 되었는데도 그 사람을 떠나보내지 않고 생각으로 소환하니까 꿈에 다시 나타나는 것이다. 게다가 어제 너는 그 사람을 책망하는 생각을 잠깐이라도 또 하지 않았더냐? 그것은 마치 없앤 카르마를 즉시 되쌓는 것과 같다."

"스승님, 그렇다면 제가 앞으로 대체 어떻게 해야 할까요?"

스승님이 계속 말씀하셨다.

"그 사람 때문에 일어나고 겪은 모든 일에 반드시 감사해야 한다. 감사하는 마음만이 너를 그 사람뿐만 아니라 과거로부터 진실로 자유롭게 할 것이다."

그렇다. 과거에 대한 원망이 잠시라도 다시 올라오는 순간 나는 과거의 나로 돌아가게 되며 이는 나를 결코 온전하게 현재에 살 수 없도록 만드는 결과를 낳는 것이었다. 또한 돌아보면 과거 나의 경험들은 하나같이 지금 내 삶의 밑거름이 되었기에 헛된 것 하나 없었으니 그러한 경험을 하게 해 준 모든 일과 이에게 오로지 감사해야 하는 것이었다. 이런 스승님의 가르침을 잘 받아들여 오늘부터라도 늘 감사하는 마음으로 과거와 현재를 바라보고 더 나아가 미지의 미래에 대해서도 '미리' 감사해 보려 한다.

어제는 아마 꿈들을 통해 스승님의 가르침을 얻어야 하는 날이었는지 한 가지 꿈을 더 꾸었다. 잠이 들자마자 꾼 꿈인데, 꿈속에서 알리끼가 누군가에게 심하게 채찍으로 맞고 있었다. 물론 이 꿈도 너무 흉흉하여 기분이 안 좋아서 깼지만, 곧 나는 꿈의 원인을 짐작할 수 있었고 그 원인은 어제 오후에서 찾을 수 있을 것 같았다. 어제 나는 평상시처럼 알리끼와 침대 위에서 장난을 쳤는데 순간 알리끼가 내 손가락을 물었고 나는 거의 자동적으로 "야!" 하고 소리를 지르며 알리끼의 엉덩이를 세게 '탁' 때렸다.

돌이켜 보면, 12년간 알리끼를 키워 오면서 나는 알리끼를 수도 없이 이런저런 크고 작은 일로, 그것이 비록 '등짝 스매싱' 정도의 수준이었다 할지라도 때려 왔었던 것 같다. 그런데 어제는 알리끼를 때리고 나서 내 그런 행동에 대한 즉각적인 반성과 각성이 찾아왔다. 나는 그간 당연히 맞아도 된다고 생각하며 소위 내게 없어서는 안 될 만큼 사랑한다는 고양이를 큰 반성 없이 때려 왔으나 이제 영적으로 깨어나니 그러한 행동들이 얼마나 우매한 짓이었는지 단번에 느낄 수 있었던 것이다. 이런 마음의 변화는 아마 알리끼가 이유 없이 얻어맞는 꿈으로 이어져 내 자신의 과거를 다시 한번 돌아보게 했던 것 같다. 이번 일에 대해서 스승님은 말을 아끼셨지만 "매 순간 깨어 있으라!"는 교훈을 주시는 듯했고, 고통스럽지만 과거를 돌아보고 더 나은 사람이 되려는 나의 노력을 기쁘게 여기시는 듯하였다.

어제는 수업을 마치고 잠시 쉬는데 가르침의 내용에 관한 추가적인 질문이 머리에 떠올랐다. 스승님은 지난 수업 때, 맑은 날씨와 음산한 바람 사이에서 생긴 부조화를 내가 느낀 공포심의 원인으로 보시면서 안과 밖의 조화를 강조하셨는데 이에 대해 갑자기 의문이 들었던 것이다. 또 그것은 '겉이 흉하더라도 안이 아름다운 것은 괜찮은 것 아닌가? 그게 소위 내면의 아름다움이 아니던가?'라는 생각이었다. 그래서 나는 오늘 다시 물었다.

"스승님, 스승님도 수행을 하실 때 겉으로 보이는 것을 중요시하지 않으셔서 누추한 모습으로 계시지 않았습니까?"

그랬더니 스승님은 "그것은 일상을 넘어서 모든 것이 허상이며 공(空)이라고 하는 진리를 세상에 알리기 위한 수행의 한 방법이었다. 그러나 당시에도 그런 진리를 볼 수 없었던 이들에게 나는 내 겉모습 때문에 늘 경계의 대상이 되었다. 내가 너에게 어제 설명한 것은 수행의 참모습에 관한 얘기가 아니라 눈으로 보이는 것과 내면에서 보이지 않는 것에 대한 얘기로 먼저 이 두 개의 일치부터 이루고 나야 진정한 수행으로 나아갈 수 있다"고 말씀하셨다.

🕉 오늘은 아침부터 유난히 비가 많이 왔다. 나는 어렸을 때부터 비 오는 날을 너무 좋아했고 비가 오면 쉴 수 있다는 느낌을 늘 받아 왔다. 그건 해가 좋은 날에는 마음이 활기차져 밖에서 뭘 해야만 할 것 같은 압박을 받는다면, 어두컴컴한 비 오는 날에는 어쩐지 아무것도 안 해도 된다는 허락을 누군가에게 받는 듯한 느낌이 들어서였다. 당연히 오늘도 그런 허락을 받은 자의 여유로움으로 창문을 활짝 열고 빗소리를 들으며 침대에 누워 있자니 스승님께 물어보고 싶어졌다.

"스승님, 빗소리는 왜 아름다울까요? 또 소음과의 차이는 뭘까요?"

그러니 스승님은 "모든 자연은 영혼을 가지고 있으니 그들이 내는 소리는 아름답다. 이는 예쁜 새의 노래와 예쁘게 만들어진 기계 새의 노래를 비교하는 것과 같다. 하나는 아름답지만 다른 하나는 소음으로 느껴지지 않느냐? 그것이 바로 영혼이 있고 없고의 차이이다."

스승님의 말씀을 듣고 나니 빗소리는 한결 생기 있게 살아 있는 영혼처럼 느껴지는 것이었다.

내가 미라래빠라고 하는 존귀하신 스승님과 채널링을 한다는 사실은 이미 영성세계를 믿고 수행의 일상을 보내고 있는 우리 자매들에게는 비록 놀라움의 주제는 아니지만 그것은 그들에게도 말할 수 없는 영광이고 축복임에는 분명한 듯하다. 그러나 정작 나에게는 내가 막내로서 우리 집안에서 이러한 역할을 맡게 된 것이 여전히 약간은 어색하고 부담이 되기도 한다. 그런 중에 언니들이 "미라래빠 님이 우리 집에 오시다니! 너무 든든하다!"라고 말할 때면 나는 알 수 없는 무거운 책임감을 느끼고 스승님과의 관계가 더욱 오래 지속되기를 소원하게 되는 것이었다.

그래서 저녁 기도를 마치고 스승님께 물었다.
"스승님, 저희의 관계가 앞으로 얼마나 유지될 수 있을까요?"

내 질문에 스승님은 아주 명료하게 대답하셨다.
"그건 오직 너에게 달렸다!"

답을 듣고 나서 나는 '물론이지…, 뭘 그런 당연한 질문을 했을까?' 하고 생각했다. 그렇지 않은가? 제아무리 한때 큰 축복을 받아 '미라래빠' 같은 분과 대화한들, 복을 받은 이가 불경스러운 마음과 행동을 끝내 버리지 못하고 계속 이어 간다면 그런 스승을 영영 잃게 되는 것은 불 보듯 뻔한 일이었다. 그러나 이 깨달음은 나에게는 오히려 왠지 위안이 된다. 왜냐하면, 그건 역으로 나만 잘하면 계속 같이 있어 주시겠다는 말씀도 되니까 말이다. 그런고로 지속적인 수행은 필수다!

"모든 자연은 영혼을 가지고 있으니..."

2020년 5월 16일 (토요일)

나의 수행은 이제 어느 정도 진전을 보이고 있지 않나 싶다. 무척 다행스러운 일이 아닐 수 없다. 어쨌든 그런 관점에서 어제저녁에는 스승님과 알리끼가 내 현재 수행의 진도를 테스트해 보려고 콜라보를 하신 것 같다.

저녁이 되어 나는 알리끼와 침대 위를 뒹굴다 알리끼가 너무 귀여워 억지로 내 가슴 위에 올려놨다. 그랬더니 알리끼가 평소와는 다르게 갑자기 기분이 안 좋아져서는 내 턱을 송곳니로 세게 물어 상처가 나고 피가 났다. 순간 나는 알리끼 양 앞발을 꽉 잡아 저지했지만 어제와 같이 알리끼를 때리지 않았고 미운 마음도 올라오지 않았다. 예전의 나였다면 이 정도 상처에는 더 심하게 알리끼를 질책하고 미워했을 텐데 말이다. 그러나 이번에는 알리끼의 행동이 그냥 고양이의 본능적인 공격성에서 나온 것이라 할 수 없다는 생각만 들었다. 게다가 나중에는 알리끼가 날 문 것을 후회하여 오히려 내 눈치를 본다고까지 생각되는 것이었다. 하지만 이 에피소드는 스승님의 가르침을 받아 이제부터 항시 깨어 있기로 한 내 결심과 마음가짐을 테스트하기 위해 일어났다는 확신이 들었다. 만약 내가 오늘도 어제처럼 알리끼를 때리기라도 했다면 나는 내 자신에게 적지 않은 실망을 했을 것이다. 그런 생각을 하니 피가 난 상처를 소독하면서도 '테스트를 통과했다'라는 확신으로 오히려 뿌듯한 마음이 드는 것이었다.

 과거의 실수와 나쁜 버릇들을 깨어 있음으로 인해 다시 반복하지 않는 것, 그것이 바로 수행임을 스승님은 나에게 다시 한번 가르쳐 주신 것이다.

 "감사합니다, 스승님!"

오늘 스승님이 정해 주신 점심 식사 메뉴는 생선과 생야채, 구운 감자이다. 물론 아침에는 늘 원하시는 대로 사과 한 개, 수제 요거트와 꿀을 먹었다. 별것 아닌 것 같지만 건강한 식사 메뉴는 나에게 매우 중요한데, 그 이유는 인생 전반을 정말 너무 아무것이나 식욕 당기는 대로, 한마디로 건강하지 않게 먹으며 굳어진 잘못된 식습관이 내 몸과 정신에 파고들어 어느새 그대로 정착되었기 때문이다. 그래서 스승님의 그림이 오기 전, 식습관을 근본적으로 바꾸고자 냉장고를 포함한 대대적인 부엌 청소를 하였었다. 심지어 나는 2개의 냉장고를 소유하고 있었는데 그 속에는 그릇그릇 먹다 남은 음식과 상한 음식, 시든 야채와 과일, 유통 기간이 지난 소스, 양념 등등이 나왔고 나는 내 병들었던 과거를 청소하듯 그 모든 것을 미련 없이 버리고 정말 필요한 것들만 남긴 후, 냉장고도 한 개로 줄이고 깨끗이 정리하였다. 그러면서 이런 식생활의 변화가 나에게 좋은 변화를 불러올 것임을 믿어 의심치 않았고, 실제로 부엌 정리가 끝났을 때는 시원하고 맑은 기운이 부엌을 통해 흐르는 것을 느낄 수 있었다.

　며칠 뒤 스승님은 그림의 형태로 나에게 오셨고 나에게 매끼 뭘 먹어야 하는지 코치하셨다. 나는 과거 올바르지 않은 식습관 때문에 너무나 자주 배앓이를 해 왔기 때문에 스승님이 뭘 먹고 마실지까지 신경 써 주시니 너무 감사하여 그 조언을 따랐는데 신기하게도 곧 나의 위와 장은 편안해지기 시작했다. 심지어 이틀 전에는 스승님께서 내가 탄산수를 자주 마시는 것을 보시더니 "언제까지 그런 죽은 물을 마시려 하느냐?"라고 하셔서 이젠 더 이상 탄산수는 마시지 않기로 결심했고 평생 끊이지 않고 먹어 왔던 케첩과 같은 소스류도 조금씩 줄이라 조언하셔 결국 끊고 말았던 것이다. 이렇게 나의 식사까지 조절해 주시는 스승님의 세심함에 그저 고맙기만 하다가 오늘은 스승님께 물었다.

　"스승님, 왜 이렇게 먹는 것까지 일일이 신경을 써 주십니까?"
　그러자 이내 스승님은 말씀하셨다.
　"네가 수행을 한다고 하니 알아야 한다. 병든 몸 안에 어떤 맑은 정신이 들어갈 수 있겠느냐? 이것은 병든 정신이 몸을 해치는 것과 같다. 그러니 수행을 위해서라도 건강한 몸을 만들어야 한다."

스승님의 말씀을 듣고 나는 오늘도 감사하게 건강한 식사를 하였고 앞으로 나의 수행이 건강한 몸과 정신을 동반하는 여정이 되길 기도 하였다.

🧘 나는 스승님의 권유대로 생선과 야채를 곁들인 점심을 맛있게 먹던 중에 왜 나보고 반평생 즐겨 먹어 오던 소스들을 끊으라고 하셨을까 문득 궁금해졌다. 하여 나는 다시 여쭈었다.

"스승님, 왜 소스들을 더 이상 먹지 말라고 하시나요? 그것들이 화학적인 음식들이기 때문입니까?"

스승님은 내 질문에 다음과 같이 답하셨다.

"물론 그렇기도 하다. 하지만 더 중요한 것은 그것들이 네가 음식 본래의 맛과 형태를 알아내지 못하게 덮어 버리기 때문이다. 너는 종종 음식들을 보며 '재미없다'라고 평하면서 더 강력한 맛이 가미 된 자극적인 음식을 찾지 않았더냐? 너는 결국 음식을 통해서도 본 질을 있는 그대로 알려고 하지 않았던 너의 성향을 보여 줬던 것이 다. 소스나 조미료가 없는 음식을 먹어야 각 재료의 맛을 그 자체로 음미할 수 있듯이, 너는 이제 그렇게 음식을 먹듯 세상을 있는 그대 로 봐야 하느니라!"

이러한 깊은 스승님의 뜻을 이해한 후 나의 점심은 모든 고유의 맛이 살아나는 새로운 음식이 되었다.

오늘 나의 공부는 아마도 음식, 식사를 중심으로 이어질 모양이었던 것이, 점심 전에 나는 '밥 먹으면서 드라마나 한 편 봐 볼까?' 하였는데 스승님이 금세 내 생각을 읽으시고는 "식사에 집중하라"고 말씀하셨다. 이에 나는 순종적으로 "알겠습니다!" 하고 따르며 식사만 하였다. 그러나 나는 더 알고 싶어져서 물었다.

"스승님, 집중이란 무얼 의미합니까?"
이렇게 여쭈니,

"네가 관심을 줘야 하는 대상과 하나가 되는 것이다. 오직 그 과정을 통해 너는 대상과 실체를 완전히 이해하고 의심 없이 받아들일 수 있게 된다. 물론 그래야만 감사하는 마음도 생겨난다. 즉, 네가 모든 음식을 그 음식과 한 몸이 되어 먹어야만 음식에 대해 감사하는 마음이 생기고 그것이 또 결국에는 너의 몸에도 유익하게 작용하도록 만들 수 있다. 그러므로 어떤 일을 하든 그 행위 하나에만 집중해야 하느니라. 이것은 매우 중요하니 꼭 명심하거라!"라며 스승님이 말씀하셨다.

나는 식사하며 드라마를 보고자 했던 것을 바보스럽게 여기면서, 한편으로 나를 비롯한 현대인들이 보편적으로 얼마나 한 가지에 집중 못하고 있는지, 또한 지금 우리 사회가 소위 '업무와 역할의 다기능(multi-function)'을 얼마나 큰 미덕으로 내세우며 요구하고 있는지를 떠올렸다. 그리고 그 생각은 내 가슴을 답답하게 만들기에 충분했다. 이렇게 스승님과의 대화와 공부는 식사 중에도 계속되고 있다.

"아침엔 반드시
사과와 꿀을 올린 요거트를
먹으라 하신다!"

2020년 5월 17일 (일요일)

어제는 잠자기 전에 물끄러미 스승님 그림을 보다가 이젠 지구를 영원히 떠나 온전히 에너지 상태로만 존재하시는 스승님이 자신의 '처지'를 어떻게 스스로 평가하고 계실지 갑자기 궁금해져 여쭈어보았다.

"스승님, 행복하십니까?"
지금 돌이켜 보면 이는 실로 헛되고 예의조차 없는 물음이었지만 어제는 이 질문을 왠지 그냥 하고 싶었고 나는 그 덕분에 큰 깨달음을 얻을 수 있었다.

스승님은 나에게 조용히 응답하셨다.

"행복이 무엇이냐? 나는 존재한다. 존재하지 않는 사람은 행복한 것도 불행한 것도 아니다. 그것은 아무것도 아니다. 또한, 그대로 존재한다면 행복도 불행도 필요치 않다. 존재의 목적은 단지 존재하는 것이다. 그러니 나는 행복하지도 불행하지도 않으며 그것이 무엇인지도 모르는 상태에 있다."

스승님 말씀 후 나는, 내 자신을 받아들이지 못하여 불행하다 느끼며 살아 숨 쉬는 나의 존재만으로 단순히 만족하지 않고 뭔지도 모르는 행복을 갈구하던 예전의 나를 떠올렸다. 지금이야말로 '그냥 사는 것, 그저 존재하는 것이 삶의 축복'임을 가슴에 확실히 새길 때가 아닌가 싶다!

어제는 비도 그쳐 맑은 공기를 마시러 옥상에 올라갔는데, 아래로 보이는 절 풍경이 무척 평온했다. 스님들은 기도를 올리시는지 행렬을 지어 절 주변을 몇 번이고 돌고 계셨다. 나는 그것을 보며 마음이 한결 편안하게 가라앉음을 느끼면서 스승님께 물었다.

"스승님, 안정이란 무엇입니까?"
스승님은 이에 "안정이란 높고 낮음이 없고, 더해지거나 빼지는 것이 없으며 들어오고 나가는 것이 없는 상태이다"라고 답하셨고, 나는 계속 물었다.
"그렇다면 스승님, 평화란 무엇입니까?"

스승님은 이어 다음과 같이 말씀하셨다.
"평화는 전쟁의 반대말이 아니라 모든 감정에서 자유로워져 있는 상태이다."

얼마나 지혜로운 말씀인가?

마음의 진정한 안정과 평화란 마음이 그저 고요한 것을 의미한다고 하시니 말이다. 살면서 우리는 기쁘고 행복하게 되면 마음의 안정과 평화를 되찾았다 생각하지만 그건 사실 큰 오산이었던 것이다.

점심이 되어 잠시 쉬면서 창밖을 보니 나뭇가지들이 바람에 흔들리고 있었다. 그걸 한참 보던 나는 스승님께 묻고 싶어졌다.

"스승님, 흔들린다는 것은 어떤 뜻입니까?"
여기에 대한 스승님의 대답은 빨리 들려왔다.

"중심에서 벗어난다는 뜻이다. 그것은 한편으로는 변화를 불러오지만 또 다른 한편으로는 불안정을 야기시킨다."

이를 듣고 나는 스승님이 자연과 인간 사회에서 보이고 일어나는 여러 가지 상황을 한꺼번에 설명하셨음을 깨달았다. 더불어 그 말씀 저변에는 '중심을 지키는 것'의 중요함이 함께 깔려 있음도 이해할 수 있었다. 내가 누구인지 아는 그 중심에서 벗어난다는 것은 변화를 위한 시도를 말하는 것이기도 하지만, 중심을 잃은 변화는 늘 불안을 불러오고 확신이 없는 행동들을 하게 하지 않는가? 그러니 '중심 유지'와 '흔들려 보는 것' 사이의 균형을 잡는 일은 매우 중요한 것 같다.

늦은 오후가 되어 해가 길게 방으로 들어오면서 환하게 비추니 이제 슬슬 여름이 되어 간다는 생각이 들었다. 나는 다가오는 여름에 대해 생각하던 중 스승님께 물었다.

"스승님, 수행하기 가장 좋은 계절은 언제일까요?"
그러자 스승님이 환하게 미소를 지으시며 다음과 같이 말씀하셨다.

"모든 계절이다. 봄은 눈이 녹고 꽃이 펴서 좋고, 여름에는 만물이 만개하고 무르익어 좋고, 가을은 곡물을 수확하고 낙엽이 떨어져서 좋고, 겨울에는 눈이 쌓이고 얼음이 얼어서 좋다. 모든 시간과 계절에서 너는 배우고 깨닫고 마음을 정리하며 성장할 수 있다. 그러니 매일 매일 감사하며 수행하여라!"

"네, 스승님. 오늘은 해가 밝고 바람이 솔솔 불어 꽃들이 흔들리니 감사 기도와 함께 하루를 마감하렵니다."

📝 2020년 5월 18일 (월요일)

어제는 여러 가지 감정이 올라와 힘든 날이기도 하였지만 무엇보다도 이제 한 달도 채 안 된 스승님과의 관계가 나를 조금 힘들게 하였다. 왜냐하면 거의 똑같은 일정으로 진행되는 스승님과의 수업과 수행 과정이 과연 앞으로도 같은 강도로 유지될 수 있을까 하는 걱정스러움이 올라왔기 때문이다. 또한 나는 스승님과의 관계가 어떤 방식으로 유지되는 게 가장 좋을까 생각했다. 그리고 결론적으로, 이제부터는 이렇게 글을 쓰는 것보다 스승님과의 만남에 더 포커스를 두어야겠다고 생각했다. 그래서 아침 기도, 명상과 운동 후에는 조용히 스승님을 만나 먼저 대화를 나누고 글은 그 뒤에 쓰자 결정하였다. 이 결정은 스승님도 옳다고 해 주셨는데 그 이유는 영적인 작업은 이른 아침 시간에 이루어지는 것이 훨씬 더 효과적이기 때문이었다. 그리고 이 깨달음은 오늘 확실히 굳어졌다.

나는 오늘 새벽 5시에 일어나 우연히 밖에서 청량하게 들려오는 산새의 소리를 들었는데, 아직 해도 뜨지 않고 고요하기만 한 새벽에 들려오는 그 새의 울음은 새벽의 공기를 뚫는 듯한 느낌을 주었다. 그 소리를 들으며 나는 스승님께 물었다.

"스승님, 수행은 왜 새벽에 하는 것이 좋습니까?"

스승님은 "그 시간에는 세상이 덜 오염되어 있기 때문이다. 그러니 영적으로 깨어나지 못한 인간들이 잠에서 깨어나 부정적인 에너지로 세상을 오염시키기 전에 기도하고 명상하며 수행하여야 한다"고 말씀하셨다.

그리 말씀하시니 스승님과의 대화도 되도록이면 그런 순결한 시간에 해야 하는 것이 더욱 당연하게 느껴졌고, 그래서 오늘 아침에 이를 곧바로 시작하였다.

어제는 수행 과정에 대해 1차 점검을 하는 날이었는지 또 다른 문제가 수면 위로 올라왔다. 그것은 '내가 얼마나 진지하게 살아가야 하는가?'에 대한 문제였다. 다른 누구도 아니고 '미라래빠'와 채널링하는 나는 거의 24시간 누가 봐도 진지하고 진중한 태도를 보이고 있었으며 아울러 그것이 고귀한 성인에 대한 기본자세라고 스스로 믿고 있었다. 그 결과, 점점 더 규칙적이고 엄격한 수행 스케줄을 세웠고 그 과정을 통해, 비록 인정하기 싫어도, 나는 조금씩 지쳐 가고 있었던 것이다. 하지만 그건 당연한 것 아닌가? 나는 불과 한 달 전까지만 해도 유튜브 동영상이나 보면서 하루 시간을 채우던 사람이었으니 말이다. 그러나 이 문제는 스승님의 따뜻한 격려로 해결되었다.

스승님은 나에게 "명랑하게 살아라!", "마음에 걱정이 있으면 억지로라도 명랑해지려고 노력해야 한다"라고 말씀하시며 안 되면 "노래라도 불러라!" 하고 웃으면서 조언하셨다.

그렇다. 수행은 힘든 마음이 들려고 하는 것이 아니라 그 힘듦 속에서도 차오르는 기쁨을 얻기 위한 실천인 것이었다. 또한 수행의 가르침이 깊다 하여 일상의 소소한 기쁨조차 느끼지 못할 정도의 엄격한 태도를 보여야 한다는 뜻도 아니었던 것이다. 오히려 과도한 진지함은 자신을 경직시키고, 마지막에는 하늘을 향한 마음의 문 역시 서서히 닫히게 하는 위험한 태도일 뿐이다. 결국 나라는 사람이 본래 가볍고 해맑다면 오히려 수행 중에도 그 성향을 유지해야만 수행을 통해 더 많은 가르침을 얻을 수 있는 것이었다.

 "스승님, 반한다는 것은 어떤 의미인가요?"

사실 이 질문은 계속 반복해서 들어도 질리지 않는 음악을 듣다가 하게 된 것인데 스승님은 여기에 대해서도 역시 스승님답게 기발한 대답을 해 주셨다.

스승님이 말씀하시길, "반한다는 것은 나에게 없는 것을 발견한다는 뜻이다. 가져야 하거나, 갖고 싶거나, 가져서는 안 되는 것들이 발견되면 흥미를 느끼고 반하게 되는 것이다. 하지만 관계에 있어서 가장 이상적인 것은 서로의 모자람을 보충하는 것이 아니라 서로의 '같음'을 나누는 것이다. 그러나 그것은 나에게 부족함이 없을 때 비로소 일어날 수 있으므로 결코 쉽지 않다. 그러니 나를 발견하고 채우며 온전하게 하려는 노력을 늘 먼저 해야 한다."

스승님의 이 현명한 말씀은 내가 '반해서' 무한 반복으로 듣고 있는 음악이 나에게 무엇을 더 채우려 하는 것일까 생각해 보게 하였다. 그건 아마도 완벽히 홀로 실재하면서 자연과 연결되어 있는 존재만의 행복감이 아닐까 싶다.

🖋 2020년 5월 19일 (화요일)

어제는 특별한 이유 없이 내가 다닌 두 회사에서 만났던 상사들과 직장동료들의 얼굴이 문득 떠올라 당시 업무를 하면서 인간관계 때문에 얼마나 힘들었는지 새삼 뒤돌아보게 되었다. 결국 마지막 직장을 다니면서 병이 났고 공식적으로는 병 때문에 일을 그만두었지만 그 내면에는 내가 아플 수밖에 없었던 다른 문제들이 깔려 있었고 오히려 그것들이 더 이상 직장을 다니지 못하게 만들었다.

오래전부터 나는 직장에서뿐만 아니라 집안에서도, 또 친한 친구들 사이에서도 관계를 맺고 유지하는 데 큰 어려움을 느껴왔고 그 때문에 늘 외롭고 불행했으며 심지어는 그런 사람들만 자꾸 만나는 내가 대단히 운이 없다고까지 생각하기에 이르렀었다. 그러나 이제 천운으로 미라래빠 스승님의 가피를 받고 보니 그 관계들의 문제는 오로지 '나'였다는 명확한 깨달음이 왔다.

이제 와서 보면, 나는 늘 내가 남들보다 잘나고 똑똑하다는 전제 하에 맘속으로 그들을 평가하고, 비판하고, 원망하며 한심해했던 것 같다. 그러나 그런 분별하는 내 속마음은 속인 채 관계를 어떻게든 좋게 유지해 보려고 애쓰는 동시에, 그들이 뻔하게 눈에 보이는 '프라나가 더 잘났다'라는 사실을 인정하지 못하는 이기적이고 연약한 존재라고 느끼고 있었다. 그럼에도 불구하고 그들의 관심과 사랑을 계속해서 요구했으니 그같이 불편한 상황을 만드는 내가 좋았을 리가 없었다. 당연하지 않은가? 말하지 않아도 상대방에게 전해지는 부정적인 에너지를 나는 늘 강하게 뿜고 다녔으니 말이다. 그러니 결국 나의 외로움은 모두 내가 만든 결과였던 것이다.

이런 깨달음이 오니 나는 갑자기 내 자신이 너무나 부끄럽고 수치스럽게 느껴져 힘이 쭉 빠졌고, 왜 그랬을까 하는 후회의 물결이 파도쳐서는 스승님 뵙기조차 힘들어지는 것이었다. 하지만 나는 용기를 내어 스승님께 물었다.

"스승님, 수치심은 어떤 감정입니까?"

스승님은 수치심을 품고 이 질문을 하는 나를 알아보시고 곧 말씀하셨다.

"하늘에 떳떳하지 못한 마음이다. 그러나 하늘은 곧 네 자신이니, 결국 네가 네 앞에서 스스로 부끄럽다는 뜻이 아니겠느냐? 너의 영혼이 살아 있고 고귀하면 고귀할수록 그 하늘도 더 넓고 높을지니 수치스러움은 그만큼 늘어 갈 것이다. 하나 아픈 만큼 하늘에도 가까워지리니 너무 상심하지 말거라! 수치심을 많이 느끼는 자의 영혼은 점점 맑아지게 되어 더 많은 하늘의 축복을 받게 될 것이다."

나는 이 말씀을 들으며 어느덧 위안의 눈물을 흘리고 있었다.

뒤이어 나는 스승님께 다시 여쭈었다.
"스승님, 그렇다면 후회란 무엇입니까?"

이 질문도 왜 하는지 아시는 스승님은 다음과 같이 말씀하셨다.

"그것은 그저 마음의 위안이다. '그때 왜 그랬을까? 그러지 말 걸!'
하는 말은 그렇게 하지 않았을 수도 있다는 생각에서 나오는 것 아
니더냐? 하지만 잘 생각해 보아라! 네가 후회하는 행동을 하고 있
을 때는 그 반대의 생각을 아예 하지도 못했거나, 마음 한편에 있었
어도 무시할 만큼 네 잘못된 결정에 나름 자신 있지 않았더냐? 비록
결정 전에 많은 갈등이 있었다 하더라도 결국 후회하고 말 행동이
널 이긴 것이니 그건 네가 영적으로 충분히 깨어나지 않았단 뜻이
다. 그러니 깨어나서 하는 후회는 깨어나지 못했던 과거의 너를 위
안하는 행위밖에 되지 못한다. 후회는 참으로 부질없는 것! 그러니
이제부터라도 늘 깨어 있어라! 깨어서 행동하며 후회할 일들을 만들
지 말고 살아야 한다. 오로지 그것만이 길이다."

이 말씀을 들으니 이미 지나간 과거의 일들을 지금에 와서야 후회
하는 내가 미련하게 느껴졌다. 더불어 이제 나는 관계 맺었던 사람
들에게 그저 "정말 미안했다, 고마웠다"라고 말하는 마음으로 기도
하는 수밖에는 없다는 것도 깨달았다. 그러나 한편으로는 그들이

지금 이렇게 달라진 나의 모습을 더 이상 볼 수 없다는 현실이 어쩐지 조금은 안타까워지는 것이었다. 그때 내 이런 마음을 읽으셨는지 스승님이 말씀하셨다.

"이제부터가 중요한 것이다. 이제부터는 같은 실수를 반복하지 않고 하늘에 부끄럽지 않게 살면 되는 것이다."

"용기를 주셔서 진심으로 감사합니다, 스승님!"

🖋 2020년 5월 20일 (수요일)

오늘 아침에도 일어나자마자 스승님과 함께 기도와 명상, 가벼운 운동으로 하루를 시작하는데 '이건 결국 모두 내 운명이었구나...' 하는 생각이 올라왔다. 평범했던 직장인이 갑자기 직장을 그만두고 이처럼 명상과 수행을 하고 있으니 내가 하면서도 어쩐지 무척 새롭다는 느낌이 든 것이었다. 그래서 나는 스승님께 이것에 대해 물어보고자 하였다.

"스승님, 운명이란 어떤 것입니까?" 나는 질문하였다.
그러자 스승님이 곧 응답하셨다.

"운명은 네 영혼의 계획이다. 모든 것은 본인의 영혼이 계획하는 것이니 새로운 것도, 놀라울 것도, 슬플 것도 없느니라. 때가 되면 계획된 일들은 반드시 일어나며 그것에 대처하는 것 역시 이미 계획되어 있으니 너는 아무것도 하늘에 맡기지 않고 네가 미리 정해 놓은 계획대로 실행에 옮긴다. 그러나 이 계획을 무의식중에라도 예지하고 못 하고는 오직 너의 '영적인 깨어있음'에 달려 있느니라. 여기서 하늘이 하는 일은 그저 인과법칙에 대한 가르침을 주는 것

뿐이다."

나는 모든 것이 영혼의 계획에 따라 진행된다는 스승님의 말씀에 수긍했지만 동시에 다른 의문이 떠올라 계속 물었다.
"모든 것이 이미 정해져 있다면 하늘에 기도하는 것은 필요 없지 않을까요?"
스승님은 나의 의문에 다음과 같이 대답하셨다.

"기도는 하늘이기도 한 너 자신과의 대화이니, 너는 네가 계획한 일들을 기도를 통해 더욱 구체화시키고 그것이 일어남에 한 치의 오차도 없게 만든다. 오히려 무언가를 부탁하고 소원하는 기도를 통해 너는 사실 네 자신의 계획을 기억하려 하는 것이다. 그러나 인생의 어떠한 계획도 깨어나는 일보다 중요한 것이 없으니, 모두 운명적인 삶과 기도를 통해 그 하나의 목표를 향해 달려간다. 궁극의 목표는 깨어나는 것이다."

나는 고통스럽고 결코 쉽지 않았던 지난 50년의 세월이 원래 내 스스로 계획한 것이었음을 비로소 이해하고 나니 '너도 보통이 아니구나!'라는 생각이 절로 들었다. 하지만 그런 마음이 들면 들수록 이제라도 영적으로 깨어나 스승님과 대화하는 지금의 나를 보면서 왠지 대견하다는 생각도 함께 드는 것이었다.

어제부터 시작한 비는 오늘도 계속되어 실로 푸근한 기운을 선사하였다. 아침엔 꼭 먹으라고 스승님이 추천하신 사과 한 알과 꿀 뿌린 요거트를 먹으면서 비 내리는 마당을 내다보는데 3년 전 돌아가신 어머니가 심고 가신 작약나무에서 꽃송이들이 막 피려고 하는 것이 보였다. 살아 계실 적 정성껏 돌보시던 꽃들이 매년 사계절에 맞춰 피는 것을 볼 때마다 나는 어머니가 되돌아오고 떠나고를 반복하시는 것 같은 마음이 들어 가슴이 늘 뭉클해지고 해마다 어김없이 같은 자리에 피어올라 어머니에 대한 기억을 되살려 주는 꽃들에게 무한히 감사하게 된다. 그리고 감사한 만큼 꽃들이 그렇게 매번 올라와 주는 것이 신통하게 느껴졌다. 그래서 나는 물었다.

"스승님, 꽃은 자신이 언제 피어야 하는지 어떻게 알까요?"
질문에 대해 스승님은 다음과 같이 답하셨다.

"모든 것은 자연의 프로그램이다. 꽃은 뿌리를 내리고 살아 있으면 피고 지고 다시 필 때까지 입력되어 있는 프로그램으로 움직인다. 온도, 습도, 태양, 달, 바람, 흙, 그 어느 것 하나 정보가 아닌 것이 없으니 그 정보를 받아들여 성장의 프로그램을 돌리는 것이다. 그러나 인간의 성장과는 달리 이 모든 것은 감정과 무관하니, 나고 성장하고 죽는다는 자연 순환의 프로그램은 인간이 보고 배워야할 순고한 진리를 담고 있다. 그들은 엄격한 프로그램, 즉 계획에 의해 존재를 이어 가는 것뿐인데도 보는 자에게 의도치 않게 많은 기쁨을 주고 존재하는 동안 그 존재만을 위해 최선을 다하다가 마지막엔 어떠한 바람도 없이 죽는다. 이것이 바로 최상의 선이요, 진리이며 평화인 것이다."

스승님의 말씀으로 인해 나는 '순수하게 존재함'의 의미를 새겨보는 것이 앞으로의 중요한 수행 과제임을 다시 한번 느꼈다. 또한 '의도치 않은 존재의 이로움'이 사실 얼마나 높은 가치인가를 실생활에서 몸소 느낄 수 있을지, 그리고 내가 과연 그 수준까지 수행할 수 있을까 하는 의문이 들었다. 하지만 오늘은 그런 게 있다는 것을 스승님 덕에 알게 된 것만으로도 너무나 행복하고 만족한다!

어머니의 5월 작약나무

🖋 2020년 5월 21일 (목요일)

늘 그렇듯 아침에 일어나 명상 준비를 하려는데 갑자기 밖에서 공사 소음이 들려왔다. 몇 달 전부터 시작된 20층 아파트의 공사는 주말이고 공휴일이고 없이 계속 진행되고 있어 어느새 그 소리에도 익숙해져 가고 있기는 하지만, 오늘은 7시가 채 안 되었는데도 불구하고 유난히 큰 소음을 내는 것을 듣다 보니 순간 짜증이 확 올라왔다. 그리고는 사람들이 정말 너무 배려심이 없다는 생각이 들었다. 그래서 나의 심정을 알리고자 스승님께 물었다.

"스승님, 배려심이란 무엇입니까?"
그러니 스승님이 말씀하셨다.

"내가 남이 되어 보는 것이다. 내가 싫은 것은 남도 싫고 나에게 방해되는 것은 남에게도 방해가 되니 그와 같은 행동과 말을 자제하는 것이다. 그러나 가장 이상적인 것은 나와 남 사이의 이분화조차도 없애는 것이니 모든 것은 남이 아니라 결국 나를 위하는 일이라 생각하며 행동한다면 진심으로 배려한 것이 된다."

이를 듣고 나니 각자 대부분 이기적인 목적만 가지고 생활하고 있는 우리 현대인에게 진정한 배려심을 이해시키는 것이 얼마나 어려운 일인가 다시 한번 생각해 보게 된다. 내가 남이고 남이 나인 상태, 실로 이루기 어렵지만 살기 좋은 지구 생활을 위해 반드시 도전해 봐야 하는 공동체 삶의 기본 모습이 아닐까 싶다.

공사 소음으로 인한 예민함 이외에 오늘 나를 괴롭히는 또 하나의 문제는 요 며칠 지속되는 어깨 통증이다. 생각지도 않게 스승님과 채널링을 하다 보니 옛 학창 시절로 돌아간 듯 매일 책상에 앉아 이렇게 글을 쓰게 되었고 그동안 안 하던 타이핑도 하자니 어깨가 뭉친 것이었다. 물론 스승님과 같이 가벼운 운동을 하고는 있지만 오늘은 기분이 축 치질 정도로 통증이 심했다. 그러다 보니 몸을 가지고 산다는 것이 얼마나 위태위태한 일인지 다시금 생각하게 되고 어찌 보면 귀찮기도 한 일인 듯 느껴졌다. 그러나 다른 한편으로는 진심 한번 '건강해 보고 싶다'는 소망도 함께 올라와 스승님께 여쭈었다.

"스승님, 건강하다는 것은 어떤 상태입니까?"
이에 스승님은 곧 답하셨다.

"몸과 마음이 하나로 작동하는 상태이다. 어느 하나에게라도 균열이 생기면 병이 나고 균형을 잃게 된다. 인간은 영혼이 깃들어 있는 기계 같은 몸을 가지고 있으니 영혼이 필요로 하는 것과 몸이 필요로 하는 것에 각기 다른 영양분을 주어야 한다. 그러나 이 모두 결코 쉽지 않은 일이어서 많은 사람이 이미 병들어 있는 것이다."

그 말씀 후 나는 내 어깨 결림이 몸의 문제인지 혹은 마음의 문제인지 저절로 따져 보게 되었다. 겉으로 보기엔 불편한 키보드를 장시간 사용해서 온 통증인 듯하여 좀 더 나은 키보드를 당장 주문하였다. 하지만 나의 통증이 마음의 문제일 수도 있지 않은가? 갑자기 하게 된 채널링과 대화 내용을 매일 기록하는 것이 알게 모르게 부담되었던 것은 아닌지? 나는 이 의문에 "결코 아니다"라고 대답할 수 없음을 잘 알고 있다. 하지만 스승님은 나에게 너무나 자비하시고 하늘의 도움을 주시는 분이라 이런 나의 '지구적인 고민'쯤이야 잘 헤아려 주실 것이라 생각한다. 더불어 이 확신은 내 어깨 통증도 기꺼이 견딜 만한 힘을 주게 될 것임을 믿어 의심치 않는다.

요즘 날씨는 너무나 아름답다. 보기 드물게 공기도 아주 맑고 깨끗해서 마당에라도 나가 앉아 있노라면 더 이상 아무것도 바랄 것이 없다 생각되고 '내가 있는 이곳이 제일 최고'라는 커다란 행복감이 올라오고는 한다. 그래서 오늘도 어김없이 마당에 나가 있자니 분주하게 꽃들 사이를 날아다니는 꿀벌들이 눈에 띄었다. 그러다 보니 자연적으로 스승님께 물어봐야겠다 하는 질문이 떠올랐다. 나는 평소에 꿀을 즐겨 먹는 편이지만 먹을 때마다 '벌들이 매일매일 고생 끝에 모아 놓은 꿀을 인간들은 허락도 받지 않고 퍼다 먹으니 너무 잔인한 것 아닌가?'라는 죄책감이 같이 올라왔었다. 꿀을 건강에 좋다며 맛있게 먹으면서도 벌들에게 늘 미안한 마음이 들다니..., 이건 좀 어딘가 잘못된 것 같은 느낌마저 드는 거였다. 그래서 "스승님, 우리 인간이 벌들에게 못 할 짓을 하고 있는 것 아닙니까?"라고 물었더니 다음과 같이 말씀하셨다.

"벌들이 모아 놓은 꿀을 인간이 가지고 가는 것은 잔인해 보이지만 이런 현상은 이 세상 어딜 가든 일어나는 일이다. 인간들은 심지어 돈 몇 푼을 위해 자기 영혼, 건강, 신념, 행복, 이 모두를 누군가가 가져가도록 놔두지 않느냐? 또한 벌들이나 사람이나 자기가 필요한 것보다 더 많은 것을 모으려는 습성을 가지고 있으니 나중엔 그것들이 허망하게 흩어지고 마는 일을 경험하는 큰 불행이 찾아오는 것이다. 적게 소유하면 소유할수록 그걸 빼앗길까 봐 고심하지 않아도 되니 소유로부터 자유로운 삶을 살 수 있다. 그러니 소유욕이 올라올 때마다 '이것이 나에게 정말 필요한가?' 솔직히 물어보면 소유가 얼마나 헛된 일인지 스스로 깨닫게 될 것이다."

나는 이 가르침으로 직장을 다니면서 모은 돈은 근본적인 욕구를 충족시키는 것 이외에도 필요 없는 물건들을 계속 소비하게 했으며 그 결과 나는 더 많은 돈을 원했던 악순환에 놓여 있었음을 이해할 수 있었다. 게다가 사람들이 말하는 소위 노후 준비도 건강하고 소박한 삶을 살려는 사람들에게는 한낱 쓸데없는 걱정이었다는 생각이 드는 것이었다. 결국 내가 직장 생활을 통해 얻은 것은 에고를 부추기고 참나에서 멀어져 병이 나는 일뿐이었다. 하지만, 그 병이 결국 나를 이런 수행의 길로 인도했고 수행을 제외한 다른 일들을 위해서는 이제 더 이상 꿀벌처럼 분주하게 살 필요 없다는 것을 가르쳐 주었으니 '모든 게 좋은 일이었다'고 내 자신을 위로해 본다.

오늘도 마당에서 힐링을 하였다. 공기는 좋고 하늘은 푸르렀으며 뭉게구름도 그런 파란 하늘을 수놓았다. 나는 자연이라면 모든 것이 좋지만 어렸을 때부터 특히 좋아했던 것은 구름이었다. 그 어린 나이에도 하늘에 구름이 있으면 그걸 보느라 머리를 연신 위로 추켜올리고 다녔고 구름이 만드는 모양이 너무 재미있어 그것이 무엇일까 궁리하였다. 하지만 나이가 든 지금도 구름은 나에게 예전과 같은 평화로움과 기쁨을 주니 스승님께 불현듯 묻고 싶어졌다.

"스승님, 구름은 왜 특별할까요? 그리고 제가 왜 이렇게 구름을 좋아할까요?" 하고 물으니 다음과 같이 답하셨다.

"구름은 있다가도 없어지고 흩어졌다가도 모이며 해와 달을 또 산을 숨겼다가 다시 보였다가 하기도 하고 멈춰 있지 않고 끊임없이 이동하면서 계속 모양을 바꾼다. 세상의 모든 것은 끊임없이 형태를 바꾸는 환영이고 영원한 것 하나 없으니 구름은 하늘이 보여주는 삶의 모양 아니겠느냐? 더불어 끝없이 넓은 하늘에 펼쳐지는 구름의 파노라마는 아름답기는 하나 손으로 잡을 수 없는 환영이니 그저 공(空)하기만 한 것이다. 그러니 어떤 삶이든 구름 한 점과 같이 그저 자연스럽게 흘러가게 놔둬야 한다."

스승님의 말씀은 흘러가는 구름과 함께 나에게 전달되었고 그 순간 나는 말로 표현할 수 없는 평온함에 휩싸였다. 또 그런 평온함과 함께 하나의 소망이 내 가슴속 깊이 뭉게구름처럼 피어올랐다. 억지가 없는 삶, 강요가 없는 삶, 요구가 없는 삶, 피나는 노력이 없는 삶, 모두 있는 그대로 좋으니 다 흘러가도록 허락하는 삶, 그러기에 늘 자유롭고 아름다울 수 있는 삶, 그런 삶을 나뿐만 아니라 모든 사람이 누렸으면 하는 그런 소망 말이다.

🧘 오늘 아침에는 사과를 깎다가 살아 계실 적에 사과를 좋아하시지 않아 거의 드시지 않았지만 사과가 몸에 좋다는 것은 아셔서 안타까워하시던 어머니가 생각났다. 그리고 사뭇 어머니가 너무 그리워져 "엄마!" 하고 크게 부르고 말았다. 내 목소리를 어머니가 어디선가 들으셨으면 하면서 말이다. 나는 막내로 태어나 평생 어머니의 지극한 사랑과 관심을 받고 자란 터라 지금도 어머니를 항상 그리워하고 어머니와의 추억을 가슴에 되뇌곤 한다. 그리고 내가 죽는 날, 나를 마중 나오는 사람이 어머니이길 진심으로 기도한다. 하지만 그때까지 어머니를 그리는 이 마음을 잘 달래 가면서 살아야 한다는 것도 안다. 그런 생각을 하던 중 스승님한테 문득 위로 받고 싶어져 물었다.

"스승님, 제가 죽으면 돌아가신 어머니를 정말 다시 만날 수 있을까요?"

나의 슬픈 마음을 읽으신 스승님은 곧 말씀하셨다.

"물론이다! 살아서 만날 연이었으니 죽어서도 만나는 것은 당연한 일이 아니겠느냐? 원래 죽음과 삶 사이에는 경계라는 것이 없으니 육신을 벗은 영혼은 더욱더 자유롭게 그 두 세계를 넘나든다. 지금은 비록 네가 아직 몸을 가지고 있어 영혼이 되어 버린 어머니를 볼 수 없을 뿐, 너 또한 영혼으로 존재하면 그리도 그리워하던 어머니가 늘 바로 옆에 계셨다는 걸 알게 될 것이다. 그러니 더 이상 눈으로 보지 못한다 하여 너무 그리워하지 말거라. 어머니는 항상 네가 있는 곳에 같이 계신다."

"말씀 진심으로 감사합니다, 스승님! 정말 위로가 됩니다."

"구름은 하늘이 보여 주는 삶의 모양 아니겠느냐?"

어제저녁에는 몸과 마음이 갑자기 피곤해지면서 이러다 다시 병이 도지는 게 아닌가 하는 쓸데없는 두려움이 올라오려 하길래 스승님의 가르침대로 '억지로 명랑해지기'를 시도하려 노래도 따라 부르고 명쾌한 음악에 맞춰 춤도 추었다. 그러는 동안 몸의 통증과 걱정 근심은 어느새 희한하게 사라지고 즐거운 마음이 솟아올랐으니 스승님의 지침은 명약이 아닐 수 없었다. 그런데 그렇게 한동안 춤을 추다 보니 스승님께 그 의미에 대해 묻고 싶어졌다.

"스승님, 춤은 왜 이렇게 즐거울까요?"
춤을 추는 나의 모습을 흐뭇하게 보시며 스승님께서 말씀하셨다.

"그것은 네 영혼이 몸을 생사와는 관련 없는 용도로 쓰기 때문이다. 먹는 것, 자는 것, 일하는 것, 걷는 것, 뛰는 것, 모두 다 살기 위한 행동이 아니더냐? 그러나 생존에 반드시 필요하지 않아도 춤을 추면 온몸은 너의 영혼의 흐름에 따라 움직이며 자신을 표현한다. 이는 몸과 마음이 드디어 사심 없이 하나가 되는 순간인 것이니 참으로 기쁘고 즐거울 뿐만 아니라, 신기하기조차 한순간이지 않겠느냐? 인생사 굴레에서 잠깐이라도 벗어나 실로 네 영혼이 원하는 대로 몸을 움직여 보는 자유를 느끼는 기회인 것이다.”

🜳 오늘도 여전히 알리끼와 행복한 시간을 보내는데 그동안 직장에 다닌다면서 알리끼를 소홀하게 다뤘던 시간들이 떠올라 이미 지나 버린 과거인데도 새삼 미안한 마음이 들었다. 물론 지금이라도 이렇게 매일 같이 있을 수 있게 되어 얼마나 고맙고 다행인지도 떠올렸다. 그러다 보니 ‘누군가를 돌본다는 것은 항상 많은 책임감과 정성을 요구하는 일’이라는 생각이 들어 스승님께 다음과 같이 묻게 되었다.

“스승님, 누군가를 돌본다는 것은 어떤 뜻입니까?”
그러자, 스승님은 나에게 말씀하셨다.

“인생에서 맺어지는 관계는 미리 계획된 것이며 과거에 쌓은 업으로 생성된다. 그러니 네가 돌본다고 생각하는 상대방은 네가 갚아야 할 것을 갚게 하고 서로의 관계를 통해 배워야 하는 일들을 배우도록 네 곁에 와 있는 존재이다. 따라서 그들은 나이와 무관하여 높고 낮음이 없으며 강자와 약자의 관계에서도 떠나 있는 영적 친구인 것이다. 그러므로 ‘돌보는 것이 아니라 같이 살면서 배운다’라고 말하는 편이 더 옳은 표현이다.”

이런 말씀을 들으니, 나이나 직책에 따라 서열이 정해져 가르침을 '위에서 내려 받는' 우리 사회가 영적 차원에서 보면 얼마나 수준이 낮은가 하는 생각이 들었다. 오히려 나이 적은 사람들이, 혹은 사회의 약자들이 우리에게 줄 수 있는 더 많은 가르침을 갖고 있을지도 모르니까 말이다. 그런 반면, 나의 소박한 삶 속에서 이런 질문을 하게 한 알리끼는 내가 이런 가르침을 받도록 옆에서 도와주는 선한 영혼이자, 수행의 충실한 동반자가 아닐까 싶다.

오후가 되어 슬슬 간식 생각이 나 초콜릿을 먹다 보니 '이건 어린이와 어른 모두 진짜 좋아하지…' 하는 누구나 다 아는 뻔한 생각이 들었다. 하지만 내 생각은 거기서 멈추지 않았고 어르신들과 아이들이 서로 마음이 맞아 즐겁게 시간을 보내는 모습이 떠올랐다. 그러다 보니 어쩐지 그 친근함의 이유에 대해 자세히 알고 싶어져 스승님께 여쭈었다.

"스승님, 사람이 늙으면 왜 다시 어린아이가 되는 걸까요?"
질문을 들으신 스승님은 서슴없이 대답하셨다.

"죽을 준비를 하는 것이다. 또한 그것은 근본으로 돌아가기 위한 준비이다. 한 영혼이 탄생과 함께 육신을 입는 순간, 그 사람은 영혼처럼 순수하고 천진하며 모든 것이 새롭고 흥미의 대상이다. 그렇게 처음에는 자아나 편견, 분별심 없이 세상을 있는 그대로 경험하고자 하나 그것은 시작일 뿐, 나이가 들면 들수록 결국 그는 자신의 업을 되풀이하거나 갚기 위해 갖은 인생사에 결부되는 길을 걷고 만다. 그러나 죽음이 서서히 다가오는 인생 후반에는, 그 전에 영적인 성장을 하였든 못 하였든, 근본으로 돌아가고자 하는 영혼의 귀소 본능이 작동하여 다시 어린이와 같은 마음이 되는 것이다. 여기에는 분명 개인차가 있겠으나 이때가 어린이처럼 순수해지려는 마음, 그런 순수한 영혼에 대한 갈망이 일어나는 시기인 것만은 분명하다."

스승님의 설명 후 무엇보다 나는 초콜릿을 먹다가 이런 진리를 알게 되는 현재 상황이 다시 한번 놀라웠다. 더욱이 스승님의 가르침은, 즉 세상의 진리는 어디에나 존재한다는 확신이 점점 더 드는 것이었다.

"스승님, 오늘도 정말 감사했습니다!"

🖊 2020년 5월 24일 (일요일)

🧘 오늘은 머리도 좀 식힐 겸 인스타그램에 소개된 멋진 풍경 사진들을 보고 있었는데 갑자기 어느 체육관에서 끊임없이 앞뒤로 텀블링을 하고 있는 여자 체조 선수의 영상 하나가 올라왔다. 종횡 무진 지칠 줄 모르며 공중 돌기를 하고 있는 모습을 보자니 돌고 있는 게 진짜 사람인가 아니면 무슨 원숭인가 하는 생각이 절로 나면서 인간의 한계에 대한 의문이 들었다. '과연 인간은 마음만 먹으면 모든 걸 다 할 수 있을까?' 그것이 궁금했던 나는 스승님께 여쭈어 보기로 했다.

"스승님, 인간이 할 수 없는 것이 있습니까?"
그러니 스승님이 다음과 같이 말씀하셨다.

"인간의 한계는 끝이 없어 그 마지막에는 우주를 이해하고 스스로 신이 될 수도 있다. 그러니 한낱 인간세계에서 이룰 수 없는 것은 가히 없다고 봐야 하겠다. 하지만 이 모든 것에는 한 가지 전제 조건이 있으니 그것은 '준비됨'이다. 특별한 목적이 없어도 본인의 한계를 언젠가 넘어가는 사람들의 공통적인 특징은 평소에 끊임없이 성실하게 노력한다는 것이다. 또한 세상을 살아가면서 믿음과 진실된 마음을 갖고 몸과 마음의 죄를 짓지 않으려 애쓰며 사는 그런 사람들에게도 어느 순간 '특별한 자격'이 생긴다. 이 자격은 본인의 한계를 넘는 그 무언가를 이루거나 갖게 되는 기회를 얻을 '준비'가 되었다는 것을 뜻하므로, '하늘은 실로 공평하다'는 말이 여기서 나오는 것이다. 그러나 이것은 자신의 한계를 넘는 악업을 저지르는 이들에게도 공통으로 적용되는 법칙이다. 즉, 그들은 나름대로 그런 죄를 저지를 수 있는 준비를 해 왔기 때문에 그러한 악업도 결국 범할 수 있게 되는 것이다. 그러므로 이것 역시 하늘이 보기에는 공평한 일이다. 모든 것에는 원인과 결과가 있으니 한계를 넘는다는 것은 이런 인과율을 보여 주는 한 예일 뿐이다."

스승님의 말씀을 들으니 사람들이 흔히 얘기하는 "세상엔 공짜가 없다"라는 속담이 더욱더 실감 나게 다가왔다. 그리고 그건 '모든 것은 내 책임'이라는 뜻도 됨을 이해할 수 있었다. 인생에서 큰 것을 바라지 않는다는 사람들도 때로는 반복되는 일상에 지치고 같은 패턴의 말과 행동만 하는 자신에게 실망스러울 때가 분명 있을 것이다. 그러나 그런 삶의 돌파구는 준비되지도 않은 일을 갑자기 저지르는 것이 아니라 오히려 자신을 조금 더 솔직히 돌아보며 일상을 최선을 다해 살아감으로써 스승님이 말씀하시는 바로 그 '준비된 사람'의 자격을 먼저 얻는 일일 것이다.

저녁이 되어 벽에 걸린 스승님의 그림을 가만히 보고 있으려니 스승님이 1052년에 티베트의 어느 한 마을에서 태어나 1135년에 열반에 드신 실존 인물이었다는 것이 새삼 생소하게 느껴졌다. 하지만 나는 스승님을 신적인 존재로 처음 접했으니 그런 마음이 드는 것도 사실 그다지 이상한 일은 아닐 법했다. 그렇게 이런저런 생각을 하다 갑자기 '지금 이 시대에 스승님이 살아 계시다면 어떨까?' 하는 흥미로운 의문이 떠올라 그림 속의 스승님께 미소를 띠며 물었다.

"스승님이 보시기에 가장 안타까운 현대 사회의 현상은 무엇입니까?"
그러자 스승님이 말씀하셨다.

"인간의 초능력이 사라진 점이다. 하나 그 능력 중에서 제일 안타까운 것은 대화 형식의 변질이다. 인간들 사이의 대화는 이제 보고 들을 수 있는 기계적인 형식으로만 이루어져 생각에서 생각으로의 전달은 실제로 거의 불가능해졌으며 그런 것이 설사 있다 하더라도 그 진위를 의심하는 세상이 되어 버렸다. 당연히 인간과 자연 사이의 대화도 단절될 대로 단절되어 인간의 자연 파괴라는 비극에까지 이르렀으니 이것은 실로 안타까운 일이 아닐 수 없다. 모든 생명체는 말하고 글을 쓰지 않아도 전달하고자 하는 메시지를 갖고 있으나 그것을 읽어 낼 수 있는 열쇠는 초능력적인 인지력과 직감만이 쥐고 있다. 그러나 현대인들은 이런 능력을 기계라는 존재에 의존함으로써 잃어버린 지 이미 오래다. 더욱이 그러한 능력 상실은 자연과의 단절뿐만 아니라 개개인의 이기심도 부추기니 이 모든 것이 또 다른 불행의 시작이다."

나는 계속해서 물었다.
"왜 이런 현상이 인간의 이기심을 불러오는 것이라 하십니까?"
스승님은 더 자세히 설명하시려 다음과 같이 말씀하셨다.

"세상과의 진실된 대화 단절은 세상을 자기가 이해할 수 있는 것으로만 해석하게 됐음을 의미하는데 이러한 해석은 당연히 개인마다 천차만별로 달라지므로 세상은 그렇게 자기주장만 늘어놓고 남을 오해하는 사람으로 가득 차게 되었다. 이것이 곧 이기주의의 시작인 것이다. 또한 사실은 자신이 세상을 전혀 이해하지 못했다는 것조차도 모르는 사람들이 자기의 편협한 신념과 믿음을 지키기 위해 오히려 남들과 나 사이에 벽을 더 높게 치고 있으니, 이는 진정 암울한 상황이 아니더냐?"

그러한 말씀을 들은 나 또한 우울한 마음이 들어 물었다.
"그럼 저희는 이제 무엇을 해야 합니까?"

내 걱정을 읽으신 스승님께서 조언하셨다.

"모두 영적으로 깨어나야 한다! 진실을 볼 수 있는 눈과 귀가 다시 생겨나야 한다! 그러나 이것은 한두 명이 이뤄 낼 수 있는 일이 결코 아니니 광범위한 시도들이 필요한 때이다. '이제 더 이상 이렇게 살 수 없다. 이렇게 살아서는 안 된다'라고 하는 절실함과 함께 '뭔가 잘못되어 가고 있다'는 의구심이 전 세계 모든 사람의 마음속에 일어나게 해야 한다. 그러니 지금은 이미 깨어난 사람들이 근본적인 의식의 전환을 통한 생활의 변화라는 목표 아래 같이 뜻과 힘을 모아 세계 곳곳에서 다각적이고 동시다발적인 시도를 해야 하는 시기이다."

이 모든 말씀을 듣고 나는 재미 삼아 시작한 하나의 질문이 어떠한 대답과 교훈으로 돌아오는지 보며 실로 감탄을 금치 못했다. 또한 우리 시대의 문제와 고충을 동시대에 살고 계시지도 않으면서 너무나 정확하게 꿰뚫고 계심에 무한한 존경심을 느꼈다. 그러나 내 머리를 오랫동안 떠나지 않는 것은 우리에게 제시하신 문제 해결 방법이었다.

어찌 되었든 오늘은 비록 수행을 시작한 지 얼마 되지 않았지만 어떻게 해야 우리가 더 살기 좋은 지구를 만들 수 있을지에 대한 고민은 그저 생각으로만 머물기에는 너무나 중요한 사안이며, 이를 위해 작은 변화의 물결이라도 일으키는 것은 나의 임무이기도 하다고 느끼기 시작한 하루임에 분명하다.

2020년 5월 25일 (월요일)

어제는 이상한 꿈을 꾸었다. 꿈속에서 나는 어떤 세미나에 참석하여 여러 사람과 허름한 건물 안에 있었는데 우리는 그룹별로 함께 모여 자며 생활해야 했다. 4~5명이 같이 자는 방들에는 침대가 하나밖에 없는 곳도 많았는데 내가 머무는 데도 그런 방이었다. 꿈의 초반에는 그 같은 환경에도 아랑곳하지 않고 미소 짓는 세미나 주최자와 즐거운 얼굴로 함께 기도하고 있는 우리의 모습이 보였다. 그런데 다음 장면에서 나는 침대도 제대로 없는 방에서 자야 한다며 심히 불쾌해하면서 책임자에게 따지겠다고 방을 나서는 것이었다. 나가서 보니 나뿐만 아니라 다른 참가자들도 항의를 하려 모여 있었다. 그중 어떤 청년이 나를 보더니 "주최자들이 형편없으니 시설도 이 모양이야!"라고 말했는데 그걸 책임자가 듣고서는 그를 앞으로 끌고 나가 찬물을 끼얹는 것이었다. 나는 꿈에서 깨어나 왜 이런 꿈을 꿨을까 생각하던 중 꿈의 내용도 수행의 소재라는 확신이 들면서 그 의미를 스승님과 함께 찾아봐야겠다는 생각이 들었다. 그래서 스승님께 다음과 같이 물어보았다.

"스승님, 제가 생각하기에 어제 저의 꿈은 수행의 환경에 관한 꿈인 것 같은데요, 제 추측이 맞는다면 환경이 얼마만큼 수행에 영향을 미치는지 설명해 주십시오." 그러자 내 요청을 들으신 스승님이 답하셨다.

"언제나 뜻이 먼저이다. 그러니 환경은 그리 중요하지 않다. 하지만 수행을 위한 환경이 열악하면 할수록 수행의 강도는 높아져 네가 알고자 하는 수행의 뜻도 더 깊게 새겨진다. 수행을 하기 위해 은둔처를 찾는 것은 속세와 인연을 끊고 하늘에 더 가까이 있기 위함이나 의지가 강하다면 속세에 머물면서 수행을 시도하는 것도 좋은 일이다. 결국 궁전에 살고 있건, 어느 빈민촌 오두막에 살고 있건, 수행의 시작과 끝을 위한 여정은 같으니 네가 어디에 머물든지 그저 항상 수행하고 명상해야 하는 것이다. 그러나 궁전에 살던 사람이 궁을 버리고 오지 산골에 가 수행하고자 결정한다면 이는 겸손함의 시작이니 수행자로서 하늘의 더 큰 복을 얻을 것이요, 마찬가지로 속세를 떠나지 않아도 수행을 방해하는 모든 장애물을 현명히 헤쳐 나가며 수행에 성공하는 사람 역시 하늘의 복을 받게 될 것이다. 그러니 네가 어디에 있든지 늘 수행의 뜻을 먼저 세우고 그것을 지키려고 노력하여라!"

나는 당시 스승님이 티베트의 동굴들을 찾아다니시며 매우 힘겹게 수행하셨음을 알고 있기 때문에 내가 현재 편안한 집에서 수행하는 것에 대해 왠지 모를 죄책감을 가지고 있었다. 그런데 이렇게 스승님의 말씀을 듣고 나니 내 죄책감은 수행의 뜻을 헤아리기보다 환경 조건에 집착했던 오류에서 나왔다는 걸 알게 되었다. 실은 의지와 뜻만 있다면 그 수행자는 어디에 머물건 전혀 상관없는 것이었다. 오히려 이런 데서는 절대 수행할 수 없다고 다들 믿는 환경에서 수행을 이뤄 내는 자야말로 수행의 고수가 될 수 있지 않을까 싶다.

요즘 날씨가 점점 더워지고 있다 보니 여지없이 여기저기에서 파리와 모기가 생기고 있는 중이다. 또 그 때문에 평소에는 문제가 아니던 일이 문제가 되고 있는데 그 이유는 이런 '귀찮은 존재들을 죽여야 하는가? 죽여도 되는가?' 하는 질문이 자꾸 머리에서 떠나질 않기 때문이다. 게다가 얼마 전에는 마루를 지나가는 작은 벌레를 밟아 죽일까 봐 걱정스러워 마당에 놔주면서 내 그런 행동에 새삼 뿌듯함을 느꼈지만, 며칠 후에는 부엌에서 날아가는 초파리를 본능적으로 죽이고 만 후 적지 않은 심란함을 느꼈기 때문에 이 문제는 반드시 스승님과 풀어야겠다는 생각이 들었다. 해서 스승님께 여쭤보았다.

"스승님, 수행자는 파리, 모기도 죽이면 안 되나요?"
질문을 받으신 스승님은 이내 말씀하셨다.

"매우 예민한 질문을 하였구나! 먼저 나의 간단한 대답은 '죽여도 되고 안 죽여도 된다'이다. 인간이나 동물, 그들은 모두 생존을 위해 약자들을 자신에게 위협이 되는 상황에서 죽이거나 또는 먹잇감으로 잡아먹는다. 이런 행위들은 분명 살생이나, 이로 인해 잡아먹는 주체가 모두 지옥에 떨어지는 것도 아니고 그것 때문에 더 자주 윤회해야 하는 것도 아니다. 마찬가지로 인간이 파리나 모기를 죽였다고 해서 특별히 하늘의 벌을 받는 것도 아니다. 게다가 인간으로 태어나기 위해서 몇만 번을 윤회해야 하는 운명을 지닌 혹은 그런 윤회의 벌을 받고 있는 파리, 모기와 같은 존재들에게는, 네가 그들을 죽임으로 인해 비록 세상을 먼저 뜬다 한들, 그것이 윤회와 인과응보 차원에서 엄청난 불행도 아닌 것이다. 하지만 여기서 가장 중요한 것은 '안 죽였을 때'의 결과이다. 죽여도 되는 상황에서 죽이지 않았을 때 너는 더 많은 덕을 쌓게 되는데 이것이 바로 수행의 '도'이다. 그러니 수행자는 언제나 불필요한 살생이 생기지 않도록 주의하고 항시 생명을 존중하는 태도로 살아야 하는 것이다. 이런 도리를 충실히 지켜 나간다면 너는 더욱 풍성한 수행의 열매를 맺게 될 것이다."

스승님의 현명한 말씀은 사실 나를 많이 안도시켰다. 왜냐하면 50년이란 인생을 '파리, 모기쯤이야...'라는 마음으로 살았고 나한테 피해 준다 하는 순간엔 늘 그들을 죽여 왔기에, 이제부터 노력은 하겠지만 실수를 한 번도 안 할 것이라 확신할 수 없는 불안감이 여전히 남아 있기 때문이다. 하지만 수행자에게 중요한 덕목을 오늘 하나 더 배웠으니 살생할 필요조차 없는 생활 환경을 만들기 위해 앞으로는 한층 세심한 신경을 쓸 예정이다.

2020년 5월 26일 (화 요일)

오늘은 새벽부터 천둥, 번개가 치고 비도 많이 내렸는데 궂은 날씨에도 예쁘게 서 있는 마당의 나무와 꽃들을 보고 있으려니 고마운 마음과 함께 행복감이 가슴속 깊이 올라왔다. 하지만 내가 오늘 느끼는 이 행복이 정말 날씨 때문인가 하는 의문이 들어 스승님께 묻게 되었다.

"스승님, 행복의 근원은 무엇입니까?"
나의 궁금증을 풀어 주시려 스승님이 곧 대답하셨다.

"밝은 마음이다. 밝은 태양이 지구에 있는 모든 생명체의 에너지원이고 생명을 선사하듯이 네 스스로도 너 자신의 태양이 되어야 한다. 그러나 이 태양은 너만이 밝게도 어둡게도 할 수 있으니 근심과 걱정의 구름으로 그걸 덮어서는 안 된다. 지구의 생명들이 태양은 왜 존재하는지, 왜 하늘 그곳에 있어 그들을 따뜻하게 비추는지 모르면서도 그의 밝은 에너지를 받고 살듯이 너도 네 마음속의 태양이 계속 존재할 수 있게 놔둬야, 즉 허락해야 한다. 그러니 왜 네 마음이 갑자기 밝아지는지, 왜 기분이 좋은지, 왜 명랑한지 캐묻지 말거라! 그런 물음과 의심이 소위 진지함을 만들고 결국엔 태양의 불을 끄는 가장 큰 요인이 된다. 어린아이들이 조건 없는 웃음을 허락하는 것처럼 너도 항상 그렇게 웃을 수 있다. 그러니 부디 의심하지 말고 태양이 네 가슴을 밝게 비추게 놔두렴!"

"네! 스승님. 스승님 덕에 비를 보고 행복한 저의 마음이 그냥 제 행복의 이유인 것을 오늘 잘 이해했습니다. 이제부터 저도 행복의 이유 따위는 묻지 않겠습니다. 스승님 말씀대로 제 마음이 밝으면 언제나 진정으로 행복할 수 있을 테니까요!"

수행을 규칙적으로 하고 있는 요즘 나는 그 덕분에 육체적으로나 정신적으로 많은 크고 작은 변화를 보고 있어 수행이라는 테마를 떠나서라도 올바른 그리고 기도하는 마음가짐은 언젠가 반드시 갖췄어야 하는 삶의 기본자세라는 것을 깨닫고 있는 중이다. 종교적인 사람이 아닌데도 기도하듯 산다는 것은 매 순간 자신의 생각과 행동을 바라보고 참회하며 고친다는 뜻이고 이런 태도는 생활 전반을 알게 모르게 변화시키는 힘을 만드는 것이다. 오히려 빡빡한 종교라는 테두리를 벗어났을 때 강요가 아닌 마음에서 우러나오는 기도도 가능하고 그런 '하늘에 기도하는 생활'은 좋은 버릇처럼 굳어져 사는 동안 건강한 몸과 마음을 유지할 수 있는 토대를 마련해 주지 않을까 생각한다.

아무튼 오늘은 이런 생각을 하다 보니 나의 생각은 어느덧 '인간의 버릇'이라는 근본적인 주제에 다다르게 되었다. 보면 볼수록 우리는 생긴 것이 다른 만큼 각기 자신만의 버릇들로 인해 때론 행복을 또 때론 불행을 경험하며 살고 있지 않은가? 그래서 나는 스승님께 다음과 같이 질문하였다.

"스승님, 버릇이라는 것은 왜 생깁니까?"
스승님은 이내 답하셨다.

"좋아서 생긴다. 좋은 버릇은 좋아서 하고, 나쁜 버릇은 싫은데도 하는 것이 아니라 모든 버릇은 내가 좋아서 반복하는 일이다. 버릇이야말로 남이 억지로 시켜서 만들어지는 것이 아니라 내 스스로 반복하는 행동이니 좋아하지 않고서는 결코 유지될 수 없다. 만약 누군가가 과식을 하는 버릇이 있다고 치자. 과식을 하면 소화도 안 되고 살도 찌며 건강도 해치게 된다. 하지만 누구나 다 아는 이런 상식들을 잘 알고 있으면서도 계속 과식을 하는 이유는 그 사람이 바보이거나 의지가 약하기 때문이 아니라 그냥 많이 먹는 것이 좋은 것이다. 많이 먹는 것은 식탐, 곧 욕심이니, 그 사람은 욕심이 커 더 많은 걸 갖고 먹는 것을 좋아한다는 뜻이 아니겠느냐? 또 어떤 사람은 새벽에 일어나 등산하는 버릇이 있다고 한다면 남들은 이를 좋은 버릇이라고 여길 것이다. 그러나 사람들이 말하는 좋은 버릇이 오히려 해로운 것일 수도 있다. 산행은 계절에 좌우되니 등산을 하다 크게 다칠 위험이 있는데도 굳이 매일 하는 이유는 그것이 어떤 이유에서

건 좋기 때문이다. 그러니 모든 버릇은 온전한 자유 행위이다."

실로 옳은 말씀이었다. 사실 남이 강요한다며 자신의 이런저런 버릇을 계속 유지하는 사람이 대체 어디 있겠는가? 그것이 무엇이든 다 본인이 좋아서 하는 일인 것이지…. 나의 경우로 돌아와서 보면 내 새로운 버릇, 즉 수행하는 생활을 좋은 버릇으로 평생 유지하려면 수행을 계속 좋아하도록 이끄는 요소들을 많이 찾는 일이 가장 중요할 것 같다는 생각이 든다. 단지 수행을 통해 몸과 마음이 건강해지는 삶을 만든다는 단순한 차원을 떠나 이젠 조금 더 큰 그림을 그릴 때가 온 것이 아닐까 싶다.

2020년 5월 27일 (수요일)

어제는 정말 여러모로 엄청난 날이었다.

　어언 30년이란 세월 동안 나는 이명이라는 병을 앓고 있는 중인데 그 소리는 여러 가지 형태와 강도로 늘 귓속에 살아 있다. 다행히 이명을 들으면서도 무시할 수 있는 어느 정도의 마인드 컨트롤 능력은 구비하여서 이제껏 큰 문제없이 생활할 수 있었다. 하지만 나는 평생 내 귀의 상태와 몸 컨디션에 지나친 신경을 쓰며 살 수밖에 없었고 메니에르 증상이 시작된 후에는 청력이 더 떨어지지 않을까 하는 걱정 때문에 많은 심적 고통을 받았다. 또한 그런 걱정은 마지막에 늘 적지 않은 공포심으로 변하고는 했다. 그런데 어제의 경험은 이 모든 것을 단번에 바꿔 놓았다.

　시작은 어제 점심때 갑자기 왼쪽 귀에서 나기 시작한 생전 처음 듣는 괴상한 기계음이었다. 이 기계음은 마치 누군가가 내 머리에 무슨 프로그램을 입력하는 것 같은 오묘한 소리였는데 그 소리는 곧 엄청나게 큰 소리로 변해 온 귀와 머리를 채우기 시작했다. 그 말로는 표현할 수 없을 만큼 공포스럽게 큰 소음 때문에 나는 순간 아무것도 하지 못하는 상태가 되었다.

 그때 비록 잠깐이었지만 나는, 내 마음이 완벽한 고요 속에 있고 소음이 비록 내 몸 안에서 들리나 나와는 분리되어 있는 듯한 느낌을 받았다. 그러나 불행하게도 소음은 곧 나를 다시 지배했고 이에 나는 너무 불안한 마음이 들어 스승님 그림 앞으로 달려가 염주를 들고 만트라를 읊기 시작하였다. 그리고 계속되는 거대한 소음에 압도된 나는 아예 스승님의 그림까지 가슴에 품고 "제발 도와주십시오!" 하며 간절히 기도하였다. 그러자 스승님의 차분하신 목소리가 들려왔다.

 "다 지나간다!"
 "절대로 겁내서는 안 된다!"
 "평온하라!"
 "넌 해낼 수 있다!"
 "모두 괜찮다!"

 스승님의 목소리를 듣자 나는 불안한 마음이 어느새 사라지고 보기 드문 마음의 평온이 찾아옴을 느꼈다. 그리고 그 신기한 경험은, 들려오는 소음의 강도가 평범한 사람들을 패닉에 빠지게 하거나 자살하게도 만들 수 있을 정도의 것이어서, 결코 평범하지 않았다. 그렇기에 스승님 덕에 안정을 느끼면서도 '지금 이런 스승님의 가이드가 없었다면 과연 어땠을까? 정말 끔찍한 상황이 벌어졌겠구나' 하는 무서운 상상을 하게 되는 것이었다. 하지만 그때 또 이상했던 것은 그렇게 무섭게 큰 소음 속에서 오히려 귀가 점점 더 잘 들리기 시작했다는 사실이다.

나는 이명 치료로 이비인후과에 다니면서 이명은 '손실된 청력 데시벨을 채우기 위해 귀가 일부러 소음을 내는 병'이라고 설명을 들었다. 그렇다면 이 정도의 소리에서 나는 당장 모든 청력을 잃어야 당연했다. 그럼에도 불구하고 어제는 소음은 소음대로 나는데도 떨어져 있던 청력은 되살아나고 있었으니 그건 모두 너무나 믿기 힘든 현상이 아닐 수 없었다. 게다가 만트라를 하니 그 소리는 머릿속에서 커다란 울림으로 들렸다. 그러나 결국 나는 끊임없이 계속되는 소음의 고통으로 침대에 눕고 말았다. 그렇지만 누워서도 좀 전에 들은 스승님의 말씀을 기계적으로 계속 반복하여 되뇌었다.

"다 지나간다!"
"절대로 겁내서는 안 된다!"
"평온하라!"
"넌 해낼 수 있다!"
"모두 괜찮다!"

"다 지나간다!"
"절대로 겁내서는 안 된다!"
"평온하라!"

"넌 해낼 수 있다!"
"모두 괜찮다!"

몇 번이고 반복하는데 또다시 스승님의 말씀이 들려왔다.
"낮잠을 자거라!"
"결국에는 다 좋은 일이다!"

이 와중에 잠을 자라는 스승님의 제안을 듣고 순간 무척 믿기 힘들었지만 실제로 나는 살짝 잠이 들 뻔도 하였으니, 그 경험 또한 실로 정상적인 것은 아니었다.

그렇게 침대에서의 휴식 시간이 한참이나 흘렀지만 기대와는 달리 소리는 전혀 그칠 줄 몰랐고 이는 어쩔 수 없이 나를 절망에 빠뜨렸다. 그러나 절망은 혼자가 아니라 용기와 함께 왔고 그 용기는 "스승님, 서는 지지 않을 거예요! 이럴 때일수록 평소와 같이 글도 쓰고 수행도 하겠습니다!"라며 크게 외치게 하고 머릿속의 굉음을 무시한 채 해야 하는 모든 일을 완수할 수 있게 도와주었다.

밤에 잠을 자려고 침대에 누웠을 때도 비록 소리에 시달렸지만 그나마 마음의 평온은 유지되었다. 그러나 과연 이런 소리를 들으며 잠을 청할 수 있을까 하는 의문이 들었다. 위로가 필요했던 나는 스승님의 그림을 침대에 가져와 베개에 세워 두고 스승님께 도와주십사 말씀드리며 아까 낮에 해 주신 말씀을 되풀이하였다.

"다 지나간다!"
"절대로 겁내서는 안 된다!"
"평온하라!"
"넌 해낼 수 있다!"
"모두 괜찮다!"

"다 지나간다!"
"절대로 겁내서는 안 된다!"
"평온하라!"
"넌 해낼 수 있다!"
"모두 괜찮다!"

나는 그렇게 말하며 결국 잠드는 신기한 경험을 하고 새벽 3시에 깨어났는데 걱정스럽게도 들려오는 소음은 여전하였다. 그리고 그 순간에는 진심으로 두려웠다. '이렇게 마음이 평온하여 잠도 잤건만 소리는 여전하다니, 정말 큰일이네...'라고 생각하며 다시 한번 스승님께 간청하였다.

"스승님, 도와주세요!"
그러자 스승님이 말씀하시기 시작하였다.

"내가 하는 말을 따라 하여라!"
"판단하지 말아라!"

나는 그 말씀을 곧 따라 하였다.
"판단하지 말아라!"

스승님이 계속 말씀하셨다.
"좋은 것도 나쁜 것도 없다!"
나는 또 따라 말하였다.
"좋은 것도 나쁜 것도 없다!"

그다음에 말씀하셨다.
"두려워 말라!"
나도 말하였다.
"두려워 말라!"

마지막으로 스승님이 말씀하셨다.
"그대로 다 받아들여라!"
나는 이어 말하였다.
"그대로 다 받아들여라!"

나는 다시 잠이 들 때까지 이 문장들을 반복하였다.
"판단하지 말아라!"
"좋은 것도 나쁜 것도 없다!"
"두려워 말라!"
"그대로 다 받아들여라!"

"판단하지 말아라!"

"좋은 것도 나쁜 것도 없다!"

"두려워 말라!"

"그대로 다 받아들여라!"

시간이 지나 아침은 왔고 나는 새벽 5시에 눈을 떴다.

그리고 소음은 여전히 계속 존재했다.

하지만 나는 더 이상 놀라지도, 무서워하지도 않았다. 나는 이미 모든 것을 포기한 사람이 되어 있었다. '이런 끔찍한 이명의 고통이 있다 하여 죽거나 당장 자살할 수 없는 지금의 내가 할 수 있는 일이 과연 무엇이겠는가? 나는 이제 전혀 절망하지 않고 이 소음과 함께 살아갈 수 있는 마음의 준비가 되었어!'라고 굳세게 말하면서 말이다. 그런데 그렇게 모든 것을 내려놓으니 돌연 진실이 내게 다가왔다. 그리고 그 진실은 내 이명이 30년 전 비록 육체적인 허약함으로 시작하였으나 증상이 지속된 이면에는 정신적인 문제, 즉 모든 일을 '옳고 그름으로 나누어 판단하려는 마음'이 있었음을 깨닫게 해 주었다.

건강은 좋은 것, 병은 나쁜 것, 이처럼 나는 모든 것을 늘 '이것 아니면 저것'인 프레임에 넣어 놓고 살았던 것이다. 하지만 살기 위해 고통에 대한 저항을 포기할 수밖에 없게 만든 어제의 굉음은 어느덧 내 자신을 병이 있음과 없음조차 판단하지 않는 마지막 깨달음의 영역, '모두 다 놓아 버리고 받아들이는 상태'로 이끌었다. 그리고 이는 이명을 두려움 없이 받아들이는 것은 물론, 세상사 모든 일도 판단하거나 평가하지 않고 수용할 준비가 되었음을 스스로 알게 해 주었다. 이런 깨달음에 마음이 한결 편안함을 느낀 나는 스승님의 어젯밤 말씀을 다시 한번 중얼중얼 반복하였다.

"판단하지 말아라!"
"좋은 것도 나쁜 것도 없다!"
"두려워 말라!"
"그대로 다 받아들여라!"

"판단하지 말아라!"
"좋은 것도 나쁜 것도 없다!"
"두려워 말라!"
"그대로 다 받아들여라!"

동시에 기적처럼, 들리던 큰 소리는 문장들을 반복하여 말하면 말할수록 점점 그 힘을 잃어 갔고 마지막엔 아주 낮은 소리의 이명만을 남기고 모두 사라져 결국에는 잃어버렸던 청력도 대부분 되찾을 수 있었다.

나는 어제의 경험을 통해 내 이명은 귀가 아닌 머리에서 생겨난 소리이며 그 원인은 나의 '이원적인 분별심'이었다는 것을 이해하게 되었다. 그러나 무엇보다도, 시험처럼 주어진 고통을 깊은 마음의 평정으로 견뎌 내고 그 의미를 알아내 깨달은 후 청력을 거의 회복하였으니 이는 기적처럼 일어난 일이 아니라 실제로 하나의 '작은 기적'이라고 감히 말하고 싶다. 설령 기적이 아니어서 같은 증상이 언젠가 또다시 반복된다 하더라도 더는 두려워하지 않고 충분히 혼자 해결할 수 있을 것이라 믿는다. 마음의 평화를 되찾은 나는 아침 수행에 들어갔고 가슴속 깊이 '평생 수행하리라' 다짐하였다. 또한 모든 것이 폭풍우처럼 지나간 지금 확실히 말할 수 있다.

나는 모두 내려놓는다는 것이 어떤 의미인지 어제의 극단적인 체험으로 배웠으며 진정한 자유를, 걱정과 근심이 없는 강인함을, 무서울 것 없는 평온함을 함께 선물 받았다고….

그리고 이런 선물을 주신 나의 미라래빠 스승님께 감사의 큰절을 올린다.

오늘은 갑자기 내가 며칠 전에 스승님이 보시기에 가장 안타까운 현대 사회의 현상은 무엇인지 물었던 게 다시 떠오르면서 그때 왜 좋은 점이 있는지는 묻지 않았을까 생각했고 그것 역시 흥미로운 질문이라 여겨 추가로 여쭙기로 하였다.

"스승님, 혹시 지금 우리 사회에서 좋다고 생각하시는 부분이 있나요?"
질문을 들으시더니 스승님께서 말씀하셨다.

"없다! 형태만 바뀌었을 뿐 인간이 사는 것, 생각하는 것, 추구하는 것은 예나 지금이나 똑같다. 현대 사회는 오히려 그 똑같은 삶의 목적과 형태를 유지하기 위해 예전보다 더 많은 대가를 치르고 있으니,

편리해진 것은 복잡해진 것이고
복잡해진 것은 많아진 것이고
많아진 것은 적어진 것이고
적어진 것은 잃어버린 것이다.

그렇기에 나는 지금 너의 시대에 몸을 갖고 사는 것에 대해 어떠한 동경심도 없다. 또한, 영적인 경험 차원에서 본다면 인간은 어느 시대에 태어났건 간에 같은 경험을 할 수 있다. 왜냐하면 그러한 경험은 환경적인 여건과 전혀 무관하기 때문이다."

　이를 듣고 나는 컴퓨터니, 핸드폰이니, 비행기니, 로켓이니 하면서 대단한 문명의 발전을 이룬 듯 믿고 있는 우리가 얼마나 아직 우물 안 개구리 식의 관점에서 세상을 판단하고 있는지 새삼 느끼게 되었다. 생각을 통한 정보 전달이 가능했던 시절도 있었건만 핸드폰이라니! 정말 보잘것없지 않은가? 게다가 스승님의 말씀을 이해해 보건대 현대의 소위 모든 변화와 발전은 어떤 면에서 분명 무언가가 '퇴행'한 결과가 아니던가? 하지만 이런 생각을 하니 좀 허망한 마음마저 드는 것이었다. 그러나 그렇더라도, 이제 우리 모두 깨어나 언제나 맑은 의식을 지닌 채 살아간다면 잘못되어 가고 있는 이 흐름을 조금은 바꿀 수 있지 않을까 하는 희망을 가져 본다.

　오후가 되어서는 우연히 대학생들이 함께 모여 심리 테스트를 하는 유튜브 영상을 보게 되었다. 주제는 '나는 어떤 유형의 인간인가?'였는데 테스트 결과를 가지고 인간을 여러 특성으로 나누어 설명하고 있었다. 그리고 거기서 거론된 용어들이 독일에서 심리학을 전공한 나에게는 매우 익숙했기 때문에 동영상을 별다른 반감 없이 끝까지 보게 되었다. 그런데 문득 '우리가 왜 이런 것을 알고 싶어 하는가?'라는 의문이 떠올랐다. 일단 나는 그것이 본인의 생각이나 감정 또는 행동을 관찰하기 위해서라는 이유도 있지만, 인생에서 중요한 결정을 내릴 때 참고하고 싶은 마음이 크기 때문이라고 생각했다. 예를 들어 '이성적, 감성적 인간'이란 말은 어떤 이가 머리로 혹은 마음으로 사고하고 결정을 내린다는 뜻일 것이니 말이다. 하지만 '그렇게 내린 결정이 정말 옳은 것일까?'라는 궁금증이 생겨 스승님께 결국 질문하게 되었다.

"스승님, 이성적 혹은 감성적으로 내린 결론 중에 어떤 것이 맞습니까?"

그러자 스승님이 다음과 같이 답하셨다.

"결정은 같이 내려야 한다. 마음도 머리도 무시할 수 없다. 그렇게 바른 결정은 한마음 한뜻으로 내려져야 하니 어느 한쪽으로 치우쳐 갈등이 온다면 이는 처음부터 잘못된 결정이다. 그러므로 이성적, 감성적 인간으로 나누는 것 자체가 큰 오류인 것이다. 마음과 머리는 나눌 수 있는 것도, 나눠야 하는 것도 아니다. 진정으로 올바른 결정은 이성과 감성에 호소하지 않는 깨달음의 결정이다. '당연히 그렇지! 그래, 그거야!' 같은 말이 저절로 나와 하는 결정이 바로 그런 결정인데 그것은 어떠한 판단에 근거를 두지 않는, 순간적으로 온몸이 알아 긍정하는 결정이다. 오히려 결정이 어떻게 내려졌는지도 모르는 상태, 그냥 그것이 옳다는 것만 느끼는 상태의 결정이다. 그러니 인생에서 일어나는 모든 일을 결정할 때 이런 직관적인 확신이 들 수 있도록 늘 몸과 마음을 갈고 닦아야 한다."

　스승님의 설명은 매번 정확하지만 나는 그 단호함에 더 놀라는 중이다. 이번 경우에도 질문을 한 내가 얼마나 아직도 'A인가 B인가?' 하는 논리에 바탕을 두고 있는지 확연히 알게 해 주시지 않으셨는가? 물론 내용적인 면도 당연히 무시할 수 없다. 스승님 말씀대로라면 나는 많은 순간 처음부터 이미 직감적으로 알았던 옳은 결정들을 철저히 따져 보지 않았다는 이유로 쉽게 무시해 버리고 끝없는 고민이 섞인 사고의 수렁에 빠져 헤매다가 마지막엔 완전 반대의 잘못된 선택을 내리고 말았던 것이다. 그렇게 나의 '자기 검열'은 애초에 마음과 머리가 단번에 함께 내린 올바른 결정을 항상 의심하게 만들었다. 애석하게도 이것 역시 빨리 고쳐야 할, 나를 포함한 현대인의 병 중 하나가 아닐까 싶다.

2020년 5월 29일 (금요일)

요즘 들어 작은 문제가 하나 생겼다. 나이도 있는데 오랜만에 컴퓨터로 글 쓰는 작업을 하다 보니 예전부터 있었던 목 디스크 증상이 재발한 것이다. 통증에 좀 시달리기는 하나 그렇다고 스승님과의 대화를 게을리할 생각은 없으니 체력 강화에 더 신경 쓰기 위해 지금은 아침과 저녁 외에도 수시로 스승님의 만트라 유튜브 영상을 틀어 놓고 간단한 체조를 하는 중이다. 그러나 그렇게 몸을 푸는 것이 건강엔 좋지만 반대로 '정신 집중'을 흐리게 하는 부작용도 낳는 중이다. 왜냐하면 내가 하는 동작들이 수행이 아니라 점점 말 그대로 운동의 형태를 띠기 시작했기 때문이다. 어쨌든 오늘 아침에도 그런 '운동'을 하고 있는데 스승님의 목소리가 들려왔다.

"너무 머리가 산란하구나! 집중을 좀 하거라!"
나는 순간 흠칫하면서도 계속 움직였다. 그랬더니 스승님이 나에게 물으셨다.

"지금 하는 동작들의 의미가 무엇이냐?"

나는 곧바로 동작을 시행하며 그 의미를 설명하였다. 그러나 그때 나는 말해야 하는 내용은 스승님을 통해 실시간으로 내려오나 이를 마치 내 스스로 생각해 낸 것처럼 말하고 있었다. 그것은 정말 신기하고도 흐뭇한 경험이었는데 그 이유는 마치 스승님도 나랑 동시에 몸을 움직이시는 것 같은 느낌이 들었기 때문이다.

나는 두 팔을 둥글게 돌리면서 말하였다.
"모든 것은 공(空)하다!"

또 양팔을 ∞ 모양으로 움직이며 말하였다.
"모든 것은 흐른다! 모든 것은 돌고 돈다! 모든 것은 윤회한다!"

그리고 허리를 돌리면서 말하였다.
"나는 나의 중심이 어디에 있는지 안다!"

다음엔 목을 양방향으로 돌리면서 말하였다.
"모든 것은 내 머릿속에 있다! 모든 것은 내 생각이 만든 것이다!"

이어 노 젓는 동작을 하면서 말하였다.
"인생은 진리를 향해 나아가는 여정이다!"

그리고는 몸을 마구 털며 말하였다.
"나쁜 생각과 에너지는 푸는 것이 아니라, 즉시 털어 버리는 것이다!"

그다음에는 무릎을 굽히면서 말하였다.

"몸은 몸이다. 몸은 도구이니 잘 닦아 놓아라! 또한 늘 겸손하여라!"

그 후 나는 마음 가는 대로 몸을 이리저리 움직여 보면서 말하였다.

"아무런 계획이 없으니 행복하다. 영혼이 말하게 놔두라!"

마지막으로는 천천히 숨을 고르며 말하였다.

"평온한 마음, 평정심을 갖고 살아라!"

스승님의 코치와 함께 모든 동작을 마치고 나니, 이것이야말로 진리의 가르침과 운동이 합쳐진 새로운 형태의 수행이 아닌가 싶었다. 또한 이 경험을 통해 나는 수행과 운동이 어떻게 일상에서 병행되어야 하는지 조금 더 명확히 알 수 있었다고 본다. 수행과 일상, 알고 보니 이 둘은 동떨어져 있는 다른 두 세계가 아닌 가까이서 만나 서로를 동반하며 하나가 되어 나가야 하는 것들이었다.

나는 오늘 새삼 '미라래빠' 같은 성인과의 영적인 교류가 얼마나 축복인가 생각하다가 그런 위치에 있는 내가 할 수 있는 일이 무엇일지 물었다. 그리고 나의 결론은 그 어떠한 중요한 의미가 숨어 있든 지금 내가 해야 하는 건 오로지 진리를 깨우치기 위해 그저 꾸준히 노력하는 일이라는 것이었다. 왜냐하면 스승님의 가르침대로 남을 돕기 전에 자신이 먼저 온전한 진리를 깨달아야 하기 때문이다. 그런 취지에서, 이제부터는 내가 스승님께 반드시 여쭤봐야 할 것이 있나 궁리해 보기로 하였다. '한 달 동안 여러 가지 테마를 다루는 대화를 나눴고 기록도 남겼지만 5월이 가기 전에 깨달아야 할 새로운 진리들이 반드시 더 있지 않을까?' 이렇게 생각하던 중에 때마침 떠오르는 주제가 있었으니 그것은 '물'이었다. 나는 아주 어렸을 때부터 물을 볼 때면 호기심뿐만 아니라 경외심마저 느껴 왔는데, 그 이유는 인간을 포함한 모든 생명체가 절대적으로 필요로 하는 물은 베일에 싸인 듯 신비롭고 거기에 숨어 있는 메시지 역시 많을 것 같아서였다. 그러나 무엇보다 나는 물이 너무 고마웠다. 내가 개인적으로 좋아한다는 이유 말고도 물은 그 자체만으로도 감사함을 받기에 충분한 존재인 것 같았다. 그래서 스승님께 여쭤기로 하였다.

"스승님, 물이 이다지도 신비하고 고마운 이유는 무엇일까요?"
내 질문을 들으시더니, 스승님께서는 천천히 물 흐르듯 말씀하셨다.

"보이지만 잡을 수 없고, 흐르지만 담을 수 있고
모든 것을 수용하지만 흘려도 보내고
모든 것을 품으나 가라앉히거나 띄울 수도 있고
잔잔하지만 위협적일 수도 있고
모든 사물을 담아 비추나 투영시킬 수도 있고
맑지만 썩을 수도 있는 물은 모든 생명의 근원이다."

"생명을 한마디로 설명할 수 없듯이 그 생명을 이루는 물도 다양한 특성을 가지고 있어 한 번에 정의할 수 없으니 이는 모두 이것과 저것, 음과 양을 함께 가지고 있어 하나가 아니고 둘이며, 동시에 하나도 둘도 아닌 완전체이기 때문이다. 즉, 물이 신비한 것은 생명이 신비한 것과 같으며 생명이 신성하듯 물도 신성한 것이다."

 스승님의 말씀 후 나는 왜 내가 평생 물에 대해서 간단한 정의를 내리고 고마움의 이유를 찾을 수 없었는지 알게 되었다. 물과 같은 생명이야말로 자체적으로 하나의 소우주를 이루고 있는 완전체이니 이를 한마디로 설명함은 아예 처음부터 불가능했던 것이다. 그러나 그렇기에 그런 존재들이야말로 인간에게 한층 더 깊은 신성함을 느끼게 하지 않나 싶다.

"모든 사물을 담아 비추나 투영시킬 수도 있고..."

오늘은 TV에서 인생에 불만이 많아 한탄하는 노인 한 분을 보게 되었다. 80살이 넘은 할머니는 자신은 이미 갖은 병에 걸려 있을 뿐만 아니라 남편도 일찍 여의어 혼자 사는데 자식들마저 자기를 소홀하게 대하고 돈도 넉넉지 않아 병원에 가기도 힘들다면서 그냥 죽고 싶다 눈물로 호소하였다. 그걸 보면서 너무나 안쓰러운 마음이 들었지만 한편으로 인생이 죽을 맛이라고 생각하면서 살아가는 이가 오직 이 할머니 하나뿐이랴 하는 생각도 들어 가슴이 먹먹해 왔다. 나이 불문 인생이 쉽지 않은 것은 자명한 사실이고 그런 한 인생 살면서 많은 사람이 좌절을 경험하고 있으니 말이다. 슬프게도 그 과정에서 극단적인 선택을 하는 경우들이 있지만, 한 가지 분명한 건 그럼에도 불구하고 고령의 나이까지 살아 내는 사람들이 대부분이라는 사실이다. 또한 매우 고통스럽고 지겨운 인생조차도 어찌 보면 순식간에 지나가 버리고 아무리 불평해도 또 결국 살아지는 것이 인생이니, 인생이란 꽤 모순적이지 않나 생각되는 것이었다. 그래서 '인생이란 실로 우습고도 허무하구나!'라는 마음으로 스승님께 물었다.

"죽고 싶다면서, 인생이 왜 이러냐면서도 살고 싶은 이유는 무엇입니까?"

그리 물으니, 살아 있는 인간들의 심리를 잘 아시는 스승님께서 답하셨다.

"원하는 것이 많을 뿐이니
죽을 수 없고
인생을 불평하는 것도 즐거운 버릇이니
그것이 재미있어서 죽을 수 없고
그런 태도로 인생을 살아가는 사람은
죽음도 두려울 것이기 때문에 죽을 수 없고
매일 숨 쉬고 살아가는 것은 축복이기에
설사 그걸 모른다 해도 죽을 수 없으며
고통 속에 산다며 불평한다 하여
이를 멈춰 줄 정도로 하늘은 관대하지 않으므로 죽을 수 없고
자신이 고통을 왜 받고 있는지 알아야 죽을 권리도 생기니
그전에는 죽을 수 없고
죽고 싶은 욕망이 큰 만큼 살고 싶은 욕망도 큰 것이니
죽을 수 없다.

그러니 살고 싶다면 이런 악순환을 스스로 끊고 제대로 살아야 하며 그러기 위해서 모든 욕망, 기대, 두려움, 분노, 증오, 질투, 무지, 자만을 버릴 수 있도록 늘 수행하여야 할 것이다."

스승님의 지혜로운 말씀을 들으니 문득 "죽고 싶다는 늙은이의 말은 믿을 게 못 된다"는 옛말이 떠올라 허탈한 미소가 나왔다. 인생은 진정으로 힘들지만 그렇다고 쉽게 포기하기는 싫을 정도로 좋은 것임에는 분명하니 말이다. 죽고 싶다지만 실제로 죽기는 싫고 그저 삶이 두려운 상태..., 그것은 결국 살고 싶다는 말이 아닐까? 스승님 말씀대로, 그럴 바에는 차라리 "사실은 살고 싶다"라고 깔끔하게 인정하고 오히려 '잘 사는 방법'을 빨리 간구하는 편이 훨씬 더 현명한 일이며 또한 그렇게 살아야만 죽음도 바르게 맞이할 수 있게 될 것이라 믿는다.

나는 요즘 매일 책에서 스승님이 살아생전 제자들과 대중에게 주신 가르침을 읽으며 그분에 대해 더 자세히 알아 가는 중이다. 그리고 그때마다 느끼는 것인데 스승님은 대부분 쉬운 단어로 설명하시지만 그 내용은 항상 심오하고 깊어 나의 마음에 가슴 벅찬 감동을 일으킨다. 그렇다 보니 이해하기 쉬운 내용이라도 한꺼번에 많이 읽을 수는 없는 것 같다. 어찌 되었건 지금까지의 내용으로 볼 때, 스승님은 '분별하지 않는 마음'을 상당히 중요하게 여기신다는 것을 알 수 있었다. 심지어 스승님은 〈스페이스 미라래빠〉를 그린 작가에게 나타나셨을 때 '중앙통로'의 중요성을 강조하셨다고 한다. 비록 나는 중앙통로의 뜻을 자세히 이해하지 못했지만 그것이 분별에 관한 내용과 연관 있지 않을까 하는 생각이 들었고, 이를 확인하고자 "스승님이 말씀하시는 중앙통로란 무엇을 의미합니까?"라고 여쭈었더니 곧 다음과 같이 설명하셨다.

"흑백 논리에서 벗어난, 모든 옳고 그름을 떠난 진리가 모이는 곳이다. 어떤 논리를 주장하건 간에 양 진영에 있는 의견은 같은 차이만큼 반대편으로 움직여 중앙에 와 만나니 이는 상대방을 포용함에 있어 완벽하게 공평한 양보이고 받아들임인 것이며, 결국 모두 본래의 근본으로 돌아감을 의미한다. 뿐만 아니라 두 차이는 중앙에 도달하는 순간 자신들이 본래 한 곳, 중앙에서 시작되었음을 이해하게 된다. 즉, 흩어져 있을 뿐 모든 차이의 근원은 같으며 거기에는 옳고 그름도 없음을 깨닫는 것이다. 어둠이 있어야 빛도 있듯이 이 둘은 다르지만 다르지 않으며 서로 떼어 낼 수 없는 같은 근원에서 파생된 한 몸이다. 이원세계에서 벗어나는 것이야말로 궁극적인 깨달음의 목표요, 모든 불행으로부터 자유로워지는 일이니 에고의 판단에 바탕을 둔 편협한 시각을 버리고 근본적인 진리를 볼 수 있도록 꾸준히 마음을 여는 수행을 해야 한다."

이 같은 말씀 후 나는 우리 인간세계가 옳고 그름을 따짐에 있어 얼마나 중병에 걸려있는지 다시 한번 생각하게 되었다. 심지어 '신의 이름'으로 살인까지 저지르는 일들이 일상처럼 벌어지고 있으니 그 심각성은 이미 도를 지나치지 않았나 싶다. 하지만 그렇게까지 멀리 가지 않아도 이원세계의 문제점은 생활 속 어디서든 찾아볼 수 있다. 또한 슬프게도 "너희는 틀리고 우리가 맞다"는 주장과 그 생각을 둘러싼 고집은 설사 그 견해가 옳다 하더라도 정작 자신들의 삶부터 먼저 힘들게 만들고 있다고 생각한다. 뿐만 아니라 스승님의 말씀을 제대로 이해한다면, 우리는 모두 똑같은 오류를 범하는 같은 부류의 인간들이 아니던가? 그 뜻은, 진정한 평화란 서로의 차이를 인정하는 것을 넘어 사실은 그 차이조차도 없음을 깨달을 때 온다는 것이니 앞으로 이 점을 더 배우고 수용해야 한다고 믿는다.

2020년 5월 31일 (일요일)

오늘은 5월 31일! 한 달간의 채널링 기록이 끝나는 날이다. 어떠한 사전 계획이나 의도 없이 맞이한 이번 2020년 5월은 내게 평생 잊지 못할 경험을 선사하고 지금까지의 인생을 단번에 바꿔 놓은 특별한 시간이었다. 미라래빠 스승님과의 만남은 그 무엇하고도 견줄 수 없는 큰 가치와 의미를 품고 있으니 이에 대한 감정을 한마디로 표현하자면 '무한한 감사함'이다. 나같이 부족한 사람을 선택해 위없는 가르침을 주시다니 이 얼마나 고마운 일인가? 그러니 눈물 나게 감사한 스승님께 내가 해 드릴 수 있는 것은 6월이 오고 해가 바뀌어도 계속해서 스승님의 좋은 제자로 남기 위해 성심성의껏 노력하는 일뿐일 것이다. 그러기 위해서 앞으로도 스승님과 채널링을 유지하고 함께 대화하고자 한다.

그러나 그전에, 5월의 대단원을 내리는 오늘 나는 미리 생각해 놓은 질문을 하려 한다. 그 이유는 이 질문이 내게 매우 중요하기 때문이기도 하지만, 앞으로 인생을 살아감에 있어 꼭 알아야 할 내용을 담고 있지 않을까 싶어서이다.

"스승님, 한 인간으로 태어나 죽기 전까지 반드시 배워야 하는 것은 무엇입니까?"

5월의 내 마지막 질문을 들으신 스승님이 말씀하신다.

"공(空)에서 시작하는 사랑이다. 그것은 조건 없는 사랑이란 뜻이요, 이 세상과 우주, 결국 모두 공하다는 것을 알 때 비로소 할 수 있는 사랑이다. 보이고 만져지고 느껴지는 모든 존재는 영원하지 않고 끝내 다 사라지며, 제아무리 근사한 사상과 논리라도 마지막에는 우주의 처음과 끝을 알 수 없는 데에 이르니 그곳은 모두가 하나이면서도 그조차 존재하지 않는 공한 곳이다. 공은 공허나 허무를 뜻하는 것이 아니라 모든 것에 대한 판단과 분별이 사라졌음을 의미한다. 그러니 지구에서 만나는 모든 생명체를 이런 하나가 된 시각에서 본다면 어찌 저절로 사랑하는 마음이 동하지 않겠느냐? 이는 네가 나이고 내가 너인 사랑, 우리는 둘이지만 하나이기도 한 사랑 그리고 결국에는 그런 구분조차 사라짐을 이해하기에 만물을 마음속 깊이 너그럽게 포용할 수 있는 진실하고 숭고한 사랑이다."

그렇다! '사랑', 이 얼마나 흔하지만 또 그래서 오히려 더 중요한 단어인가? 수없이 많은 사람이 사랑을 갈구하며 노래하고 모든 일의 숨은 원동력이 사랑일 수도 있을 만큼 사랑은 인생의 핵심 주제가 아니던가? 하지만 그중에 몇 명이나 사랑이라는 것을 온전하게 이해하고 있을까? 무엇보다 나야말로 스승님이 말씀하시는 그런 사랑을 해 본적이 있는가?

 나의 대답은 유감스럽게도 "아니요"이다. 여태껏 내가 경험한 사랑은 늘 에고 중심적이어서 준 만큼 받기를 기대한 사랑이요, 기대한 것이 이루어지지 않으면 상처 받았던 사랑이요, 나의 부족함을 상대방을 통해 채우려 했던 사랑이요, 영원하기를 바랐기에 영원하지 못했던 사랑이요, 내가 나를 존중하며 사랑하는 방법을 잃어버리게 한 사랑이었다.

 그러나 스승님은 5월의 마지막 가르침을 통해 이제는 그런 잘못된 사랑의 형식을 벗어나 나를 먼저 받아들이며 사랑하고, 나를 벗어나 다른 사람을 내 자신과 같이 사랑하며, 더 나아가 모든 생명체를 한 치의 차별 없이 사랑하라 하신다.

 이런 가르침과 조언을 받은 나는 이제서야 인생의 진정한 풍요함을 느끼기 시작하고 인간으로 살아가는 참이유를 깨달은 듯하다.

"스승님, 인생은 진정 아름다운 것이군요!"
"좋은 말씀 정말 감사합니다!"

"공(空)에서 시작하는 사랑이다."

에필로그

"프라나, 이제 깨어났느냐?"

 스승님께서는 오늘 새벽 저에게 '프라나(Prana)'라는 예명을 지어 주시며 이렇게 물으셨습니다. 그리고 이 질문을 들은 저는 절로 감사의 미소가 나왔는데 이는 단지 '프라나'가 우주의 생명력을 뜻하기 때문만은 아니었습니다. 그 미소의 진정한 이유는 스승님이 방금 잠에서 깨어난 저에게 실은 "이제 영적으로 깨어났느냐?"라고 묻고 계심을 깨달았고 그 질문에 대한 답이 제 앞으로의 삶을 주도하게 될 것임을 예감했기 때문일 것입니다.

 "나는 정말 영적으로 깨어난 것일까?",
 "나는 이제 깨어 있는 마음으로 살고 있는가?"

 이 질문에 당당하게 대답한다는 것은 제 자신에 대한 강한 믿음과 확신이 있다는 뜻이 되겠으나 그것은 자칫 저에 대한 과대평가로 이어질 수 있기에 결코 쉽지 않습니다. 그러나 스승님의 말씀대로 진정한 수행은 마지막이 오는 순간까지 계속돼야 함을 알고 있으니 적어도 이제부터는 늘 깨어 있으려고 노력하리라 다짐해 봅니다. 또한 그러기 위해서 항시 맑고 순수한 마음을 유지하여 매사 저의 생각과 말 그리고 행동을 옳은 길로 이끌어 나가야 하는 것이겠지요. 하지만 이런 지금의 제 마음, 과거의 저를 돌아보면 참으로 기적과도 같은 일입니다.

 왜냐하면 저는 불과 몇 달 전까지만 해도 "미라래빠? 그게 뭔가요?" 하고 물었었기 때문이죠. 영적으로 깨어나기는커녕, 〈스페이스 미라래빠〉 그림을 처음 보았을 때 단순히 사람의 얼굴을 하고 있는 형상을 눈앞에 보고 있을 뿐 그것이 저 유명한 티베트의 대성 취자, 미라래빠임을 미처 알지 못하였습니다.

 그도 그럴 것이 저는 본래 천주교인으로 불교와는 거리가 먼 생활을 했고, 그 결과 불교에 관한 기본적인 사전 지식조차 가지고 있지 않았던 것입니다. 그렇지만 그림을 보는 순간 꽤 괴이한 경험을 하였는데, 저는 그림 속의 얼굴이 제 얼굴과 흡사하다는 인상을 받았으며 심지어 작가가 저를 보고 그린 것이 아닌가 하는 말도 안 되는 생각까지도 들었습니다. 이런 묘한 감정을 안고 그림에 관한 작가의 설명을 읽어 보니 미라래빠는 어느 날 에너지 상태인 본인의 모습을 작가에게 보이시고 핵심 교의를 전달하시며 자신을 그림으로 그려 달라 부탁하셨다고 합니다. 하지만 그리 시작된 저와 스승님과의 인연은 '나와 닮은 것은 신기하지만, 그래서 뭐...?'라는 마음과 함께 곧 저의 의식세계에서 멀어지고 말았고, 저는 제가 그림을 본 순간 스승님과 이미 영적으로 연결되었다는 사실도 모른 채 일상으로 돌아갔습니다.

당시 제 일상은 악화된 메니에르 때문에 직장도 그만두고 하루가 멀다 하고 응급실에 가야 하는 날들의 연속이었습니다. 몸은 말할 수 없이 약해졌고 언제 어지러움이 다시 시작될지 몰라 두려움에 떨었지만, 그 절망의 시간들 속에서도 저는 모든 일에는 타당한 이유가 있으며 제 삶이 그로 인해 변하고 있음을 본능적으로 느끼고 있었던 것 같습니다. 무엇보다도 제 병으로 인한 고통은 반드시 풀어내야 하는 과거의 나쁜 업을 기억하기 위함임을 알았고 신기하게도 병이 지속되면 될수록 그만큼 많은 업도 청산할 수 있었습니다.

업 청산이라는 것이 대단한 말처럼 들리지만, 이는 자신의 과거를 현재에 소환해 다른 시각으로 바라보고 자신이 지은 죄를 하늘에 마음을 다해 사죄하며 내게 아픔을 준 사람들을 용서하고 과거와 화해하는 것이니, 저는 육체적인 고통과 함께 업을 닦아 내는 과정을 통해서 제 마음과 몸을 정화하기 시작했던 것 같습니다. 어찌 보면 모든 사람이 목숨이 다하기 전에 반드시 해야 할 일이 제게도 일어난 것뿐이었지만, 사실 이 모든 과정은 미라래빠 스승님을 정결한 마음으로 만나기 위해서라도 반드시 필요했던 준비 작업이 아니었을까 생각해 봅니다.

〈스페이스 미라래빠〉 그림은 제가 병으로 고생하는 동안 늘 제 마음속에 떠올랐고 그에 따라 스승님에 대한 관심도 커져 갔습니다. 스승님의 일생을 소개한 동영상들을 처음 접했을 때는 그의 삶과 가르침에 너무나 감동하여 하염없는 눈물을 흘렸고, 나이 오십이 되어 드디어 진정한 스승님을 만났다는 확신을 갖게 되었습니다. 그리고 그것은 종교를 뛰어넘는 절대적인 만남이라는 확신이기도 했습니다.

결국 저는 작가의 그림을 50세 생일을 맞은 제 자신에게 선물하고 만트라를 시작하였으며 스승님을 보다 적극적으로 제 삶 속에 모시기로 결정하였습니다. 그리고 거기에는 채널링이라는 엄청난 축복이 있었습니다.

하루아침에 갑자기 시작된 스승님과의 채널링은 지금 생각해도 믿기 어려운 일이지만 제 마음 안에 이미 자리 잡으신 스승님의 존재를 조금도 의심하지 않고 자연스럽게 대화를 시도했기에 가능하지 않았나 생각해 봅니다. 범접할 수 없는 근엄한 신적인 존재에게 매달리며 기도하는 형태가 아니라 마치 나를 위해 친히 옆에 오셔서 앉아 계시는 또 동시에 나와 한 몸인 듯한 그런 친근한 신에게 말을 거는 형식으로 저와 스승님과의 대화는 시작되었던 것입니다.

이 책을 쓰는 지금도 저는 스승님께 매일매일 한 가지씩 질문을 드리고 있으며 스승님은 답변을 통해 더욱 심도 있는 가르침을 주시는 중입니다.

제가 살아온 인생을 뒤돌아보면 저는 무척 세속적이고 평범한 인간의 삶을 살아왔었고, 이는 한 사람이 인생을 살면서 느끼는 모든 감정을 포함한 삶의 모습을 보여 왔습니다. 기쁨과 고통에 웃고 울며, 사람들이 말하는 가치와 평가에 귀를 기울여 좌우되고, 매일 이어지는 생존에 힘들어하며 미래를 걱정하고, 무엇보다 사는 것에 그다지 감사하지도 않으면서 죽음은 죽음대로 두려워하는 그런 사람이 바로 저였던 것이지요.

그렇기 때문에 예전에 저를 아셨던 많은 분은 제가 갑자기 영성에 눈을 뜨고 미라래빠의 채널러로서 그의 가르침을 받아 옮기고 있는 것에 대해 당연히 의구심을 품으실 수 있다고 생각합니다.

스승님의 가르침을 책으로 내고자 결심할 때 저의 이러한 걱정스러운 마음은 가장 큰 걸림돌이 되었고 이는 곧 "기록한 내용을 과연 누가 믿을 것인가?"라는 질문을 하게 만들었습니다. 그러나 스승님은 저에게 "네가 증명해야 할 것은 하나도 없다!"라고 말씀하시면서 가르침의 내용 자체가 스스로 진실임을 증명할 것이라며 제게 용기를 주셨습니다.

저라는 사람은 사실상 아직도 평범하여 이런 가르침을 드릴 역량이 없고 당연히 받게 될 비판까지 감안하면서 책을 굳이 거짓으로 쓸 정도로 담이 큰 사람이 아니기 때문에, 역설적으로 이 기록은 결코 제 환상의 결과물일 수 없다고 말하고 싶습니다. 하지만 그보다 더 중요한 것은 왜 미라래빠가 저한테 오셔서 가르침을 주시는 가일 것이며, 저 역시 그것이 가장 궁금하였습니다.

스승님께서는 거기에 두 가지 이유가 있다고 하셨습니다.

첫째, 스승님은 개인적으로 저를 제자로 받아 주시고 가르치고 싶으셨다 하셨습니다. 그 말씀은 제가 병으로 인한 고통의 원인이 카르마로 인한 인과응보에 있다는 것을 겸허히 받아들이고 용기 있게 과거를 돌아봄으로써 영혼의 순수함을 되찾았기에 스승님의 가피를 받을 수 있었던 것으로 이해되었습니다. 또한 제가 어떠한 종교적인 편견 없이 스승님을 진심을 다해 평생 모실 신실한 제자가될 것임을 직감하셨다고 합니다. 이러한 말씀은 앞으로도 영적인 깨어남과 그 축복 속에 살 수 있기를 바라는 마음의 원동력이 되기에 충분했으며 이는 스승님과의 관계를 유지하는 데 지금까지 중요한 바탕이 되고 있습니다.

첫 번째 이유가 개인적이라면, 두 번째는 공적인 이유입니다.

2019년 말 시작된 코로나19 사태는 전 세계인의 생활을 근본적으로 흔들어 놓았으며 이제 인류는 코로나19 이전으로는 돌아갈 수도, 돌아가서도 안 되는 상황에 직면하였습니다. 공동체의 형태를 취하고 있으나 철저하게 이기적인 인류는 생태계뿐만 아니라 자신들의 생존까지 위협하는 생활을 하면서도 이 문제에 대한 어떤 명확한 인식조차 없다가 코로나19라는 거대한 '적'을 만나 비로소 '이렇게는 더 이상 살 수 없다'는 절박함을 느끼기 시작하였습니다. 또한 그러한 절박감은 우리 인간 개개인이 어떻게 살아야 진정한 공동체의 기반을 조성할 수 있을 것인지에 관한 구체적인 질문을 하게 합니다. 이런 시점에서 미라래빠 스승님은 우리에게 도움이 되고 싶다고 하셨습니다.

먼저, 코로나19는 대중적인 모임을 불가능하게 만들었는데 이는 교육과 경제를 넘어 종교 생활에도 큰 영향을 주어 기존의 종교적 집단 신앙을 개인적인 영성 수행이 점차 대체하게 되리라는 것입니다. 그리고 이러한 변화는 코로나19 이후에도 인류가 직면할 수 있는 수많은 문제를 근본적으로 해결하게 돕는 결정적인 해법이 될 것이라 하셨습니다.

그런 맥락에서, 미라래빠 스승님은 우리에게 크나큰 영감을 주시는 분입니다. 왜냐하면 그는 '인간이 영적으로 깨어나 스스로를 구제하는 것'에 중점을 두시는 분이시고 이를 몸소 평생의 수행을 통해 보여 주셨기 때문입니다. 영적으로 깨어나는 과정에서 대중과 사회의 힘에 의지하지 않고 철저하게 개인적인 수행의 길을 가셨던 미라래빠 스승님은 우리 모두에게는 본래의 순수한 영성이 있으나 그 영성은 다른 사람이 가르쳐 주어서 혹은 누군가의 지시에 따른다고 얻어지는 것이 아니라, 오로지 내 스스로 하늘에 마음을 열고자 결심하는 순간 발현된다는 진리를 가르쳐 주십니다.

더불어 스승님은 자칫 이와 같은 영성 체험 과정을 소승적인 수행이라 여겨 인류 공동체의 생존에는 사실상 도움이 되지 않을 것이라 하는 우려에 대해 "모두가 영적으로 깨어나는 것만큼 완전하고 평화로운 세상을 만들 수 있는 기반도 없다"라고 말씀하시는데, 그 이유는 그러한 세상은 존재만으로도 모두를 흥하게 하는, 곧 인류가 타파해야 할 난관들을 애초부터 만들지 않는 이상적인 사회이기 때문이라고 하셨습니다.

이런 의미에서 스승님은, 저의 지극히 개인적인 영적 깨어남과 그에 이어지는 수행의 이야기가 보통 사람이 어떻게 홀로 영성을 되찾는지 세상에 드러내어 이 시대를 힘겹게 살아가는 현대인들이 하늘과 소통하여 스스로의 본질을 되찾고 나와 남에게 도움이 되는 존재로 거듭나는 데 조금이나마 긍정적인 영향을 줄 것이라 하셨습니다.

이야기를 마치며 여러분 모두가 이 책을 읽으시며 저를 통해 오신 미라래빠를 만나 뵙고 도움받으시길 진심으로 소원하는 바입니다.

2020년 9월 12일
프라나

Prana

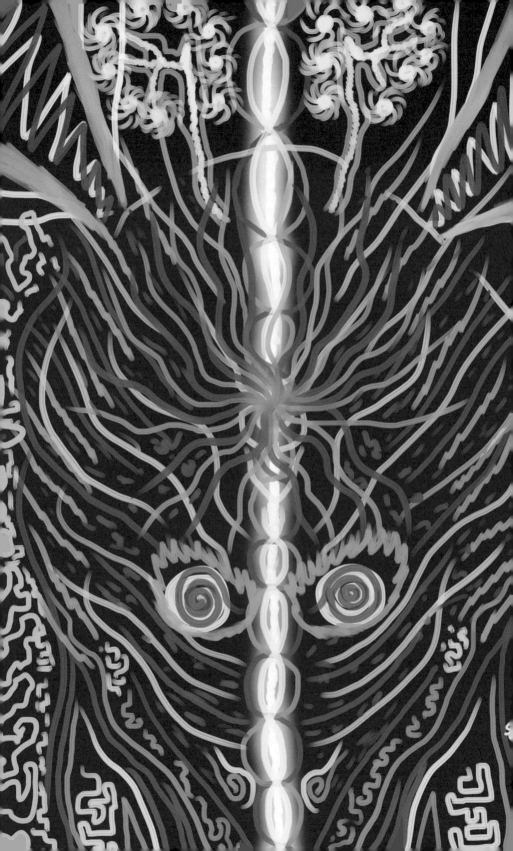

에너지 그림 작가가 설명하는
스페이스 미라래빠

단 한 번의 생애를 통해 완전한 성불을 이루어 무한한 우주 공간과 하나가 된 티베트의 대성취자, 미라래빠가 그림의 형태로 나타났다. 일반적인 기대를 한참 벗어난 외계적 형상을 취한 미라래빠께서는 작가에게 자신을 〈스페이스 미라래빠〉라고 소개하셨다.

미라래빠께서는 생전 히말라야의 동굴 속에서 생명열을 증폭시키고, 에너지 몸체의 중앙통로(슈슘나)를 확장시켜 우주합일을 이루는 뚬모 수행을 주요 수행으로 삼아 정진하셨고 완성하셨다.

이 작품에는 생명열의 제어와 중앙통로의 정화와 강화, 확장에 대한 주요한 시각적 정보들이 녹아들어 있다.

머리로 판단하고 분석하기보다는 편견 없이 받아들이고 수행의 시각적 길잡이로 삼는다면 큰 도움이 될 것이다.

> 안과 밖, 물질과 비물질, 빛과 어둠, 선과 악, 지구와 외계,
> 윤회와 열반, 이 모든 개념이 전부 중앙통로에 녹아 있고,
> 서로 분리되어 있지 않네.
> 악업에 물들어 이원의 노예가 된 마음으로는
> 이 심오한 이치를 받아들이기 어려우나,
> 지속적인 명상과 다르마에 대한 지극한 헌신이 있다면
> 어떠한 악업도 녹여낼 수 있다네.
> 깨달음을 향한 가장 빠른 고속화 도로는 오직 중앙통로이네.
>
> 스페이스 미라래빠

하늘과의 만남
미라래빠와의 채널링

1판 1쇄 발행 2022년 1월 1일

지은이 프라나

교정 주현강
편집 유별리

도움을 주신 분 이혜림, 박정인, 이영림

펴낸곳 하움출판사
펴낸이 문현광

주소 전라북도 군산시 수송로 315 하움출판사
이메일 haum1000@naver.com　**홈페이지** haum.kr

ISBN 979-11-6440-892-4 (03200)

좋은 책을 만들겠습니다.
하움출판사는 독자 여러분의 의견에 항상 귀 기울이고 있습니다.